大师思想集萃

波普尔说
真理与谬误

KARL POPPER

〔英〕波普尔 著　倪山川○编译

华中科技大学出版社
http://www.hustp.com
中国·武汉

图书在版编目（CIP）数据

波普尔说真理与谬误 /（英）波普尔著；倪山川编译.
—武汉：华中科技大学出版社，2018.8
（大师思想集萃. 第二辑）
ISBN 978-7-5680-3931-4

Ⅰ.①波… Ⅱ.①波…②倪… Ⅲ.①波帕尔（Popper, Karl Raimund 1902—1994）-哲学思想-思想评论 Ⅳ.①B561.59

中国版本图书馆CIP数据核字（2018）第172036号

波普尔说真理与谬误　　　　　　　　　　　　　（英）波普尔 著
Bopuer Shuo Zhenli yu Miuwu　　　　　　　　　倪山川 编译

策划编辑：闫丽娜
责任编辑：闫丽娜
封面设计：金　刚
责任校对：刘　竣
责任监印：朱　玢

出版发行：华中科技大学出版社（中国·武汉）　　电　话：（027）81321913
　　　　　武汉市东湖新技术开发区华工科技园　　邮　编：430223
印　　刷：湖北新华印务有限公司
开　　本：880mm×1230mm　　1/32
印　　张：5.5
字　　数：128千字
版　　次：2018年8月第1版第1次印刷
定　　价：35.00元

本书若有印装质量问题，请向出版社营销中心调换
全国免费服务热线：400-6679-118　竭诚为您服务
版权所有　侵权必究

出版者的话

"大师思想集萃"系列丛书收入阿德勒、洛克、康德、弗洛伊德、罗素、尼采、荣格、培根、叔本华、马斯洛十位大师的智慧结晶,力图向读者展示大师们的思想精华,引导读者深刻理解人的本质、感悟人生真谛、关注生活现实、丰富自己的人生。

本丛书收集的作品,主要是思想大师们对人的本质、人生的意义深入思考和论述的内容,分为十卷,其中包括:

《阿德勒说自我超越》

《洛克说自由与人权》

《康德说道德与人性》

《弗洛伊德说梦境与意识》

《罗素说理想与历程》

《尼采说天才与灵魂》

《荣格说潜意识与生存》

《培根说百味人生》

《叔本华说欲望与幸福》

《马斯洛说完美人格》

为了适应读者的阅读要求,我们在编译的过程中,本着深入浅出、简略周详、常识与经典兼顾、推理与想象并用的原则,在保留大师经典思想原貌的基础上,依照从理论到实践的总体逻辑关系，对各大师的思想体系进行了梳理，并添加了部分标题。这样做，并不能完整而全面地概括大师们的学术思想体系，但方便读者理解和接受大师的思想智慧，在与当下生存现实相结合，使人自省、自励、自进。

我们建议读者阅读时，不必把所有的观点和理论视为金科玉律，我们乐意看到读者对此丛书进行批判性阅读，比较性借鉴，深思后践行。

在条件成熟时，我们会陆续推出大师们关于人与社会、自然的和谐发展，人类实践的自由与自律等主题的作品。

本丛书编辑及出版事宜由本社"大师思想集萃"编辑组负责。出版此套丛书并非意味着本社完全赞同这些大师的所有思想和理论的立场、观点和方法，只是尽可能地保持作品原貌。本社各位编辑同仁在编辑出版过程中付出了很多努力，希望本丛书的出版能得到广大读者的认可。

感谢广大读者的惠购、赏读！

华中科技大学出版社编辑室
2017年8月

序言

从谬误中看到真理的哲学家

首先，在介绍波普尔思想和著作之前，在这里叙述一下波普尔的生平事迹，因为要想深入了解一位哲学家的思想，首先就要了解一下他的人生经历。

波普尔这位犹太裔思想家于1902年出生于维也纳，波普尔10岁的时候就开始接触马克思主义和达尔文进化论的思想。在他12岁那年，第一次世界大战爆发。而生活在奥地利的波普尔虽然没有参战，但身在乱世，心理上自然而然会受到战争的影响。在动乱和战争中成长的孩子往往更早熟。波普尔和他的家庭对战争持反对的态度，在周围大多数人陷入了战争的狂热以及坚信德意志战争的正义性时，他们可以冷静地思考以及对战争的胜利保持着否定的态度。在波普尔15岁时，他开始厌恶学校的课程，只有数学等少数学科能引起他的兴趣。于是，16岁的波普尔作了一个重大的决定：放弃中学生活，直接去维也纳大学念书。因为他没有参加正式的考试（相当于中国的高考），所以他只能在学校里旁听。国外的学校大多数都允许旁听课程，波普尔就这样采取了旁听的方式开始了他的大学学习。在学习中，他积极思考，喜欢和同龄人讨论各种学科问题。

在波普尔17岁时,他曾在弗洛伊德的弟子精神分析学家阿尔弗德那里工作过。波普尔在批判中学习,曾经为他所崇拜的思想大师后来被他怀疑和批判。而在去维也纳大学两年后,波普尔也通过考试并拿到了学籍。波普尔在1928年也就是他26岁时,获得维也纳大学博士学位,和著名的"维也纳小组"成员也有所接触。30岁时,波普尔完成《知识理论的两个基本问题》,手稿在维也纳小组中传阅。32岁时,在莫里茨·石里克的推荐下,波普尔的手稿《研究的逻辑》用德文出版发行。接下来,波普尔访学英国,结识了哈耶克、罗素和柏林等学者,到哥本哈根拜见物理学家波尔。在反犹主义浪潮的压力下,波普尔计划离开奥地利。

34岁时,波普尔向英国学术资助委员会提出了申请,希望能够在英联邦的学术机构中找到工作。很多世界闻名的科学家委员会同意了波普尔的申请,在剑桥大学给了他一个临时的教授工作,他在新西兰坎特伯雷大学得到了一个永久职位。

36岁时,波普尔前往新西兰任教,开始写作《历史决定论的贫困》和《开放社会及敌人》。其中《历史决定论的贫困》于1944年在哈耶克任主编的《经济学》杂志上发表,而《开放社会及敌人》于1945年在英国出版,并获得了一片赞誉。1946年初,在哈耶克帮助下,伦敦大学经济学院授予他高级讲师职务。

48岁时,波普尔应邀访问美国,在哈佛大学和普林斯顿大学进行演讲,并与爱因斯坦等科学家会面。57岁时,波普尔出版了英文版的《科学发现的逻辑》,这是25年前德文版《研究的逻辑》的扩充。67岁时，波普尔辞去了伦敦经济学院的全职工作。70岁时，波普尔发表了《客观的知识》。1974年，由谢尔普主编的"在世哲学家文库"丛书收入两卷本的《波普尔及其思想》（上卷为自传，后来以《无穷的探索》单独出版）。1977年与艾克里斯合作出版《自我及其大脑》。20世纪80年代波普尔出版的主要著作包括《实在论与科学的目的》《开放的宇宙》《量子理论与物理学的分裂》。直到1994年，也就是92岁时，这位伟大的哲学家永远地离开了我们。

在波普尔去世二十多年后的今天，波普尔在世的声誉似乎渐渐地被人们淡忘。波普尔是20世纪最伟大的思想家之一，拥有白金汉宫授予的"爵士"和"勋爵"头衔，是英国皇家协会会员、英国国家美术院院士和美国艺术与科学院院士，去世前拥有20所大学颁发的荣誉博士学位，著作被翻译成40种语言。他在学术界的社交名单简直就是一本微型的世界名人录，也包括众多政界仰慕者，其中有德国总理施密特、捷克总统哈维尔、英国首相撒切尔夫人等人。

对于中国知识界来说，波普尔似乎过时很久了，人们往往只听过苏格拉底、柏拉图、尼采、马克思、黑格尔，却对波普尔很陌生。可是，真正好的思想却不会因为时间而褪色，波普尔在科学方面上的"证伪"思想和批判的思维对指导当今对科学盲目崇拜的社会有着深刻的指导作用。

波普尔是一个深刻而又逻辑严密的思想者，一个徘徊在科学与哲学之间的学者，一个反对资本的自由主义者，一个以偏执的风格竭力宣扬审慎与开放的雄辩者，一个享有盛名又在流行中备受误解的知识分子，这就是卓越而独特的卡尔·波普尔。波普尔一生无穷的探索,最终以"我一无所知"的箴言作为自己的墓志铭。他的自传名为《无尽的探索》,告诫后世:我们对这个神秘的宇宙的认识只是冰山一角,而且这一角也可能存在各种错误的认知,所以科学不断发展的今天,更加需要每一代人不懈的努力,探索这个世界的奥秘。

Contents
目 录

第一讲 真理与谬误的思索
- 2 　第一节　什么是科学
- 10 　第二节　波普尔分析哲学
- 28 　第三节　波普尔证伪主义的理论基础
- 39 　第四节　"客观知识"的理论
- 43 　第五节　"被证伪的"才是科学的

第二讲 科学发现的逻辑
- 48 　第一节　可证伪度
- 57 　第二节　简单性
- 66 　第三节　知识进化论
- 69 　第四节　证伪主义的发展

第三讲 波普尔的"历史主义"
- 78 　第一节　对古典历史主义的反思
- 81 　第二节　对柏拉图的思考

89	第三节	对德国古典哲学的反思
94	第四节	对随机性的反驳
100	第五节	对历史主义发展的思考

第四讲 波普尔的社会学思想

122	第一节	社会的自主性原理
126	第二节	社会工程理念
149	第三节	知识社会学
153	第四节	理想的社会建构

162　**参考文献**

164　**后记**

第一讲
真理与谬误的思索

第一节　什么是科学

第二节　波普尔分析哲学

第三节　波普尔证伪主义的理论基础

第四节　"客观知识"的理论

第五节　"被证伪的"才是科学的

第一节 什么是科学

现代社会我们经常提到"科学"这个词，可究竟什么才是科学？笔者做了以下归纳和总结。

从修辞的角度上看，中文的"科学"有以下几种含义。

（1）科举之学。

宋代陈亮《送叔祖主筠州高要簿序》："自科学之兴，世之为士者往往因于一日之程文，甚至于老死而或不遇。"

（2）反映自然、社会、思维等客观规律的分科知识体系。

毛泽东《在中国共产党全国代表会议上的讲话》："人们必须通过对现象的分析和研究，才能了解到事物的本质，因此需要有科学。"公刘《太阳的家乡》："这种悲惨的情况，不是我一个人的力量所能改变的，根本问题是要办教育，叫人们接受科学。"

（3）特指自然科学。

曹禺《北京人》第二幕："白吃，白喝，白住，研究科学，研究美术，研究文学，研究他们每个人所喜欢的，为中国，为人类谋幸福。"

（4）合乎科学的，合理的。

丁玲《莎菲女士的日记》："我不相信恋爱是如此的理智，如此的科学。"柯岩《奇异的书简·船长》："多么精细，多么科学！完全是科学家的逻辑！"

科学包含自然、社会、思维等领域，如物理学、生物学和社会学。它涵盖以上三方面含义。

（1）观察：致力于揭示自然真相，而对自然做理由充分的观察或研究（包括思想实验），通常指可通过必要的方法进行的，或能通过科学方法——一套用以评价经验知识的程序而进行的方法。

（2）假设：通过这样的过程假定组织体系知识的系统性。

（3）检证：借此验证研究目标的信度与效度。

科学知识指覆盖一般真理或普遍规律的运作的知识或知识体系，尤其指通过科学方法获得或验证过的。科学知识极度依赖逻辑推理。

据《说文解字》，"科"，会意字，"从禾从斗，斗者量也"，故"科学"一词乃取"测量之学问"之义为名。

从中国唐代到近代以前，"科学"作为"科举之学"的略语，虽在汉语典籍中偶有出现，但大多指"科举之学"。最早使用"科学"一词之人似可溯及唐代末期的罗衮。

"科学"一词由近代日本学界初用于对译英文中的"science"及其他欧洲语言中的相应词汇，欧洲语言中该词来源于拉丁文"scientia"，意为"知识""学问"，在近代侧重关于自然的学问。

在日本幕府末期到明治时期，"科学"是专门的"个别学问"，有的在以"分科的学问"的意义被使用着。

明治元年，福泽谕吉执笔的日本最初的科学入门书《穷理图解》出版。同时，明治时代"science"这个词汇进入的时候，启蒙思想家西周使用"科学"作为译词。

甲午海战以后，中国掀起了学习近代西方科技的高潮，清末国人主要通过近代化之路向走在前面的日本学习近代科学技术。许多人认为，中国最早使用"科学"一词的学者是康有为。他出版的《日本书目志》中就列举了《科学入门》《科学之原理》等书目。辛亥革命时期，中国人使用"科学"一词的频率逐渐增多，出现了"科学"与"格致"两词并存的局面。在"中华民国"时期，通过中国科学社的科学传播活动，"科学"一词才取代"格致"。

在中国，教科书上一般将科学分为自然科学（或称为理科）和社会科学（或称为文科）。而诸如心理学、哲学（有别于科学）在中国与自然科学、社会科学等概念被认为存在划分不清、界限模糊的情况。因而"科学"一词常被模糊地使用。工程学科称为工科，理科和工科合成理工科，而文科和理科又合称文理科。

从准确、可验证性并能达到普遍公认的角度讲，"科学"一词指自然科学。广义的科学又包含了科技及社会学。

根据现代汉语词典（中国社会科学院语言研究所词典编辑室，1978年），"科学"被解释为：反映自然、社会、思维等的客观规律的分科的知识体系，是合乎科学（精神、方法等）的。

再者，"科学"一词本身并不神圣，自古以来，中国就没有"科学"一词，中国古代只有"格物致知"之类的词汇近似于"科学"。"科学"一词是近代西方文艺复兴后,西方文化传入中国后才创造的新词汇,日本著名科学启蒙大师福泽瑜吉把"science"译为"科学"。到了1893年,康有为引进并使用"科学"二字。严复在翻译《天演论》等科学著作时,也用"科学"二字。此后,"科学"二字便在中国广泛运用。

最后从科学哲学的角度看,科学有以下五层含义:

(1)关于自然界和改造自然的系统化的知识。

(2)一种工具。

(3)一种思想体系。

(4)一种社会建制。

(5)一种思维体系。

虽然有关"科学"的定义很详细,但我们发现我们还是无法判断什么才是科学的?什么才是真理?什么是伪科学?就像占星学、语言学,存在悖论的这些学科到底算不算科学,人们是否需要花时间在这些事物上面?还有,人的认识具有局限性,就像我们历史上曾经笃信了上千年的地心说现在被日心说推翻,现在的我们又凭什么肯定我们掌握的科学理论就一定是正确的?

这个问题困扰了科学家和哲学家很长时间,到现在也没有绝对正确的答案。为了指导科学在发展中少走弯路,为了让科学研究不被浪费在没有意义的事情上,很多哲学家对什么才是科学给出了多种见解,而波普尔的科技哲学思想也围绕着这个问题而展开。

一、能被实证的就是科学的

关于"什么是科学"这个问题,实证主义者给出的回答是能被实证的就是科学的,代表人物是实证主义创始人孔德。

奥古斯特·孔德是法国著名的哲学家,社会学、实证主义创始人。1798年1月孔德出生于蒙彼利埃的一个中级官吏家庭,其在著作中正式提出"社会学"这一名称并建立起社会学的框架和构想。整个19世纪,值得一提的法国社会学家屈指可数,但作为实证主义的创始人,社会学之父奥古斯特·孔德却当之无愧。他创立的实证主义学说是西方哲学由近代转入现代的重要标志之一。

这位大哲学家极力推崇培根的归纳法,他认为归纳法是人类得到知识和发展科学的唯一途径。通过人类活动经验的积累,我们才有了如此丰富的科学体系。而验证科学的方法,实践才是检验真理的唯一标准。而"实证"指的就是用实际操作去验证。

实证主义又称实证论,其中心论点是:事实必须通过观察或感觉经验,认识每个人身处的客观环境和外在事物。虽然每个人接受的教育不同,但他们用来验证感觉经验的原则并无太大差异。

孔德指出,人类必须经由学习过程,从不同的情境中获得知识。通过直接或间接的感觉、推理或体认经验,并且在学习过程中进一步推论还未曾经验过的知识。超越经验或不是通过经验可以观察到的知识,不是真的知识。

孔德在其所写的《实证哲学》一书里,指出人类进化分成三个阶段：

一是神学阶段，人类对于自然界的力量和某些现象感到恐惧，因此就以信仰和膜拜来解释所面对的自然界的变化。

二是玄学阶段，以形而上或普遍的本质阶段，解释一切现象。

三是实证阶段，也就是科学的阶段，运用观察、分类，以及分类性的资料，探求事物彼此的关系，此方法获得的结果，才是正确可信的。

实证主义反对神秘玄想，主张以科学方法建立经验性的知识。这种思想恰与柏拉图的理性论相反，柏拉图指出只有观念的才是真实的，感官的都是虚幻的。

二、有用的就是科学的

"有用即真理"是美国哲学家、实用主义真正奠基人威廉·詹姆斯的一句名言，对于是不是科学的看法，这位哲学大师给出的解释很直接，也很主观，也就是有用的就是科学的，没有用的就是伪科学的。但詹姆斯对于真理的判断存在两个完全不同的标准：认识论标准与价值论标准。其中，认识论标准就是"真假标准"，价值论标准就是"对错标准"。对于同一个问题，从两个标准上看往往会有不同的答案。

对于人类主体来说，世界上任何事物可分为两种：事实范畴和价值范畴。人类两种基本的认识是事实认识和价值认识，即人类的所有认识是由这两种基本认识及其复合形式所组成。

由于同一认识同时含有事实认识和价值认识两种认识成分，这样，对于同一认识，人们可以从认识论（即关于事实认识的理论）和价值论（即关于价值认识的理论）两个不同角度进行判断，并得出不同的结论。为了区别这两个不同的判断标准及其所得出的结论，通常把"对与错"及"真与假"两个不同范畴严格限定起来：从认识论的角度，判断依据"主观认识是否与客观实在相符合"，可以用"真"与"假"来进行衡量。主观认识如果不能正确反映事物及其运动规律的本来面貌，那么就是假的，反之就是真的；从价值论的角度，判断一个"主观认识是否与客观需要相符合"，可以用"对"与"错"来进行衡量，主观认识如果应用于社会实践中将会产生负向价值效应，那么就是错的，反之就是对的。

两个标准听起来有些复杂，举个简单的例子，就像一个数学不怎么好的文科生对于高数是不是科学地进行判断，从他的认识论标准上看，高数既枯燥又无趣，平时还用不到，以后工作也不会用到高数的知识，所以会觉得高数不是科学的。但从价值论标准上看，高数在很多科学应用中发挥巨大作用，那么高数就是有用的，高数就是科学的。

三、科学还是不科学？

这里引用维特根斯坦的语言哲学观点，他认为科学与非科学只是语言学上的一种定义，对于产生"科学"与"伪科学"的分歧是语言定义不明确造成的，而语言学派有一项重要的工作和构想就是改用一种真正科学的语言来消除这些语言上的歧义，减少哲学领域不必要的困扰和争执，从而优化科学思维方式。不过令人惋惜的是，这种构想也以失败而告终。

四、"可以被证伪的才是科学的"

"可以被证伪的才是科学的"这句话听起来很拗口,也比较抽象,但这里面却包含了波普尔思想最核心的内容。

在科学哲学的领域,与其他哲学流派相比,波普尔的证伪主义有了更高的操作性,因为波普尔用精确的概率论的数学方法来测算一个科学理论的可证伪度。

在波普尔的理论中,有可能被"证伪"的知识才是科学的,而始终无法"证伪"的知识反而是伪科学的。而什么是"证伪""证伪度"的概念,"知识"的本质等理论将在后面章节详细描述。

当然,这里也并不是说波普尔的学说一定比其他几家之言更有说服力。因为在哲学的领域,我们探讨的不是问题的对与错,而是探讨不同的思维方式,也希望读者能在波普尔的思想中看到一个新的世界。

第二节　波普尔分析哲学

在阐述"证伪主义"的逻辑体系之前，我需要先定义一些科学概念。这些科学概念与我们平时的理解，存在一定的误区与分歧。波普尔归纳了科学研究方法中的几个重要问题，并对这些问题进行深入的分析和理性的思考，以此纠正科学阐述中存在的误区。同时以此为基础，构建出完整的"证伪主义"的逻辑体系。

1.归纳问题

从当下流行的观点来看，科学地运用"归纳方法"是经验科学的特征之一。由此，科学发现的逻辑等同于归纳逻辑，也就是说这些归纳方法的逻辑分析。

接下来定义下"归纳"的逻辑，归纳是从单称陈述（有时也称作"特殊陈述"），例如通过观察和实验结果的记述，过渡到特殊陈述，最后归纳出一个完整的假说或理论。

从逻辑的角度来看，并不能证明从单称陈述中归纳出普遍陈述是正确的，因为由它得出的结论总是可以成为错误的。无论我们已经观察到多少只白天鹅，也不能证明这样的结论：所有天鹅都是白的。

归纳推理怎样才能是科学的，或者在什么条件下证明为正确的？

我们根据经验总结得出的普遍陈述，特别是各种定律和自然界法则，也常常通过我们的经验来推导，而不是纯粹的逻辑论证。我们的科学的假说和理论系统其实属于这样的一个归纳体系。因为这些普遍陈述的真理性是"根据经验得知的"，而经验是大多数人认可的。但是，观察或实验结果的记述结果，首先只能是特殊陈述，不能是普遍陈述。虽然归纳并不总是正确的，就像白天鹅的存在一样，但是人们依旧习惯从经验推断出一个普遍陈述，并把这个普遍陈述视为真理。

当我们要证明归纳推理是正确的时候，我们就需要确立一个科学的归纳规则，这个规则让我们可以把归纳推理的逻辑变得更加严密，而不会在逻辑上存在致命伤。在归纳逻辑拥护者看来，归纳原理对科学方法来说是极为重要的。赖欣巴哈说："这个原理决定科学理论的真理性。从科学中排除这个原理就等于剥夺了科学决定其理论的真伪的能力。显然，没有这个原理，科学就不再有权力将它的理论和诗人所幻想的、任意的创作区别开来了。"

科学的归纳原理不可能是如重言式或分析陈述那样的纯逻辑上的推论。所谓等式推论，就如同"番茄是西红柿"这样的命题，两者用了不同的描述，指出同样的一个事物。那么逻辑上自然是无懈可击的。而陈述类的命题，比如"我刚刚吃了午饭"，这样的事实陈述也存在逻辑问题。的确，假如有纯逻辑的归纳原理的话，就不会出现归纳问题了。假设科学的领域里，所有的归纳推理就必须被看作纯逻辑的或等式陈述的。因此，归纳原理必须是一个综合陈述，并且这种陈述的否定并不自相矛盾，而这些陈述在逻辑上是可能的。那，问题来了：我们为什么必须接受这样一个原理呢？我们如何才能证明我们归纳出的结果是正确的呢？

相信归纳逻辑的人同赖欣巴哈一样会指出："归纳原理可以为人类造福，在整个科学也是被公认的，在日常生活里也没有人能认真地怀疑这个原理"，然而，哪怕假设情况是如此（毕竟，整个科学也可能是错的），我仍然认为，归纳原理是多余的，它必然导致逻辑的矛盾。

这在休谟的著作里已经说清楚了，他还说道：即使有可能避免这种矛盾，也是很困难的。因为归纳原理本身也必须是一个全称陈述。假如我们试图认为它的真理性来自经验而得知，那么，导致引入归纳原理的同一个问题就再一次产生了。为了证明这个原理，我们就必须运用归纳推理；而为了证明这些归纳推理，我们就必须假定一个更高层次的归纳原理；如此等等。这样，我们设想把归纳原理建基于经验之上的尝试就破产了，因为这样做必定导致无穷后退。

归纳法的另一个拥护者康德试图摆脱这一困难，他把归纳原理（他称作"普遍因果性原理"）看作是"先验式的正确"。但是我认为他为综合陈述提供一个先验的证明的这种做法，虽机敏但并不成功。

现在很流行这样一种学说：归纳推理虽然"严格地说"是不"正确的"，但能达到某种程度的"可靠性"或"概然性"。我认为，在这一种学说里同样存在着不可克服的困难。真理与谬误的定义应该更加明确和易于区分。按照这种学说，归纳推理是"概然推理"。赖欣巴哈说:"我们将归纳原理描述为科学借以判定真理性的手段。更确切地说,我们应该说:它的作用是判定概然性。因为科学并不能达到真理或谬误……科学陈述只能达到一系列不同程度的概率程度,这种概率程度不可达到的上限和下限就是真理和谬误。"

现在我可以这样做,因为求助于概率甚至并未触及上面已经提及的那些归纳原理所遇到的困难。假如我们对根据归纳推理得来的论述给予一定程度的概率,那么为了证明它就必须援引一条新的经过适当修改的归纳原理。而这条新原理本身也必须被证明,如此等等。而且假如这条归纳原理本身也被说成不是"真的",只是"概率的",那么最终得不出什么结果。简而言之,概率归纳和归纳逻辑的其他任何一种形式一样,不是导致无穷后退,就是导致先验论的学说。

下面我们展开论述的理论是与所有运用归纳逻辑观念的试图直接对立的。这个理论可以称为检验演绎法理论,或者说就是这样的观点:假说只能以经验来检验,而且只是在这一假说被提出以后。

在我详细检验演绎法理论(可以称为"演绎主义",以与"归纳主义"相对)以前,我需要将涉及经验事实的知识心理学和只与逻辑关系相关的各类词汇清楚地加以区分。因为心理学问题和认识论问题的混淆容易导致大家盲目地迷信归纳。顺便说一下,可值得注意的是:这种混淆不仅对知识的逻辑,而且对知识的心理学同样带来了困扰。

2.心理因素的排除

从某种角度上讲科学家的工作是提出和检验理论。

我认为，设想或创立一个理论阶段，它既不要求逻辑的分析，也不接受逻辑的分析。一个人产生一个新的思想（不论是一个音乐主题、一个戏剧剧本，还是一个科学理论），这个问题对于经验的心理学来说，是很重要的，但是对于科学知识的逻辑分析来说，显得无关紧要。科学知识的逻辑分析与事实的问题无关，只与方法正确与否有关。它的问题是下列这一类的：一个陈述能被证明为正确的吗？假如能，则如何证明？它是可检验的吗？这个陈述在逻辑上是否依赖于某些别的陈述？或者与它们相矛盾？当我们能以这种方式对一个陈述进行逻辑的考察时，这个陈述必须在我们面前被提到。

因此，我要设想一个新的思想体系。在逻辑上考察它的方法和由此得到的结果，这二者之间加以区分。关于科学的逻辑（与认识的心理学相区别）的理论构建，我假定运用系统的检验中运用的方法，每一个新的理论必须经受这种检验，如果要对它加以认真考虑的话。

有人会反对说，他们把探寻科学家完成一个发现——找到某一新的真理——的步骤加以"理性重建"看作认识论的事更为合情合理。但是，问题在于，确切地说，我们要探寻什么？假如要重建的是灵感的激起和释放的过程，那么我将不认为它是知识逻辑的工作。这种过程是经验心理学要研究的，而不是逻辑要研究的。假如我们要理性地重建随后的检验，那么情况就不同了。

理论不通过实践检验，灵感成为一种发现或转化为一种知识的时候，即使科学家批判地评判、改变或抛弃他自己的灵感，甚至唾弃自己的成果时，就此而言，他们可以把这种方法论的分析看作一种相应的思维过程的"理性重建"。但是，这种重建并不能描述他发现了这些过程的真实情况，它只能提供一个检验程序的逻辑框架。

我所提到的论证完全不依赖于上面所说的问题。不过，不论这是否正确，我对这个问题的看法是，并没有什么得出新思想的逻辑方法，或者这个过程的逻辑重建。我的观点可以这样表达：每一个科学发现都包含"非理性因素"，或者在柏格森意义上的"创造性直觉"。爱因斯坦也说过类似的话："探求高度普遍性的定律……从这些定律出发，用纯粹的演绎就能从中获得世界的图景。定律是并没有逻辑的康庄大道，只有通过基于对经验对象的直觉，才能找到这些定律。"

3.演绎检验主义

与之前批判的归纳不同的是，我这里构建了逻辑严密的演绎主义体系。批判的检验理论和根据检验结果选择理论的方法，按下列四种路线进行的。借助演绎逻辑，从尝试提出来且尚未经过以任何方式证明的一个新思想——预知、假说、理论系统，或任何其他类似的事物中——得出一些结论。最后我们将这些结论，在它们相互之间，并和其他有关的陈述加以比较，来发现它们之间存在的逻辑关系（如等价性、可推导性、相容性、不相容性等等）。

我们可以区别四条不同的检验理论的路线。第一，在假说结论之间加以逻辑的比较，以此来检验理论系统的内部一致性。第二，考察理论的逻辑形式，以此来确定这一理论是否具有经验的或科学的理论的性质，或者它是否存在心理因素，比如等式陈述的命题。第三，用这个假说同其他的理论做比较，假如这一理论经受住我们的各种检验，它是否构成科学上的进步和发展。第四，根据理论推导出的结论的经验来检验理论。

第四种检验的目的，是要找出理论的新推断（不论它自认为如何新）接受实践要求考验的程度。这种实践要求或是由纯科学实验引起的，或是由实际的技术应用引起的。在这里，检验的程序也是演绎的。我们同样借助其他过去已被接受的陈述，从理论中演绎出某些单称陈述，我们称作"科学预见"，特别是那种易检验或易应用的预见。从这些陈述中，选取那些从现行理论中不能推导出的，特别是那些与现行理论相矛盾的陈述。然后我们将它们与实际应用和实验的结果相比较，对这些推导出的陈述做出判断。假如这一判断是肯定的，就是说，假如这些单称结论证明是可接受的或被证实的，那么，这个理论眼下通过了检验，我们没有发现舍弃它的理由。但是，假如这一判断是否定的。换句话说，假如这一结论被"证伪"了，那么也就证伪了它们从中合乎逻辑地演绎出来的那个理论。因为这些假说中也可能存在着合理的成分，或许某一天又被重新拿出来，修改后又通过了检验，然后发展成一个新的知识体系。

应该注意的是肯定的判断只能暂时支持这一理论，因为否定判断常会推翻它。只要一个理论经受住详细而严格的检验，在科学进步的过程中未被另一个理论取代，我们就可以说它已"证明它的品质"，或说"它已得到验证"。

在以上概述中，并没有出现任何类似归纳主义相关的内容。我并不认为我们能从特殊陈述的真理性论证普遍陈述的真理性。

我也不认为理论能借所谓"已证实"的结论的力量来确定某些事情为"真的",就正如当年的"地心说"是举世公认的真理一样,这样"已证实的"或者在"显而易见"的真理同样被"日心说"取代,再到后来新的宇宙观出现。我们发现地球和太阳都不是宇宙的中心,在这茫茫宇宙中偏居一隅,是如此的微不足道。而我们曾经那些深信不疑的"真理",如同"天鹅都是白色的一样",早已被检验成了谬误。

永远没有永恒的真理,真理可以成为谬误,而谬误中也可能蕴含真理。

4.划界问题

接下来我提出来的一些观点,可能会有许多不同意见,其中最主要的论点反对者说,因为我质疑了归纳法,本质上就剥夺了经验科学最重要的特性,质疑归纳法意味着我会混淆科学和形而上学。我对这个问题的反驳意见是:我摈弃归纳逻辑的主要理由,不是因为它并不提供理论系统的、经验的、非形而上学性质的区别标志,或者说,它并未提供一个合适的"划界标准"。

找到一个标准,使我们能区别经验科学为一方,而科学、逻辑以及"形而上学"系统为另一方,这个问题我称它为划界问题。

休谟研究过这个问题,并试图解决它。康德把它看作知识理论的核心。康德曾经把归纳问题称作"休谟问题",我们也同样可以把划界问题称作"康德问题"。

在我看来,在这两个问题(几乎所有其他知识理论问题的根源)中,划界问题是更基本的问题。的确,很多经验认识论倾向的学者之所以信赖"归纳法",他们的主要理由似乎是由于他们相信只有归纳法是提供一个合适的划界标准的唯一途径。特别是以孔德为代表的实证主义的哲学家是如此。

古典实证主义者始终坚信,科学源于经验。他们认为,这些概念可以在逻辑上还原为感性经验要素,如感觉、印象、知觉、视觉或听觉、记忆等。现代实证主义者的分支逻辑原子主义者更明确地认为,科学不是概念的系统,而是陈述的系统。因此,他们只愿意承认这样一些陈述是科学的或合理的,即可以还原为"原子科学的命题"才是合理的。很清楚,隐含着的划界标准就是要求归纳逻辑。

而"原子命题"则是他们提出的一种概念,是最基础的公理命题,这种命题能通过经验去判断。他们单纯地认为所有的命题都可以通过逻辑还原,最终还原成为原子命题,再通过原子命题之间的逻辑关系判定最后的结果。很不幸,这个流派的观点在逻辑上看似正确,但他们实践中却遇到两个致命的问题:一个是很多命题无法还原到原子命题,另一个则是有些原子命题也无法判断真假。因为我不认同类似逻辑原子主义的归纳逻辑,所以我也不会通过它们的途径去解决划界问题。

实证主义者通常以一种自由主义方式来解释划界问题,他们把划界问题解释为是一个自然科学的问题。他们不认为他们的工作是提出一个合适的约定,他们相信,必须在经验科学和形而上学之间发现一种近似在事物的本性中存在的区别。他们不断地试图证明:形而上学按其本性不过是无意义的蠢话,正如休谟所说"诡辩和幻想",我们应该将它们"付之一炬"。实证主义者甚至认为数学也因为不属于实证的范畴,便可以抛弃它。他们认为科学是提出一个合适的约定，他们相信在经验科学和形而上学之间似乎存在着一种区别事物的本性的事物。他们甚至不断地试图证明：形而上学不过是无意义的蠢话。

假如想要通过用"胡说"或"无意义"等词表达的只是"不属于经验科学"，那么将形而上学表征为无意义的胡说就没有价值，因为形而上学通常被定义为非经验的。但是，实证主义者认为，关于形而上学他们可以谈得更多一些，不只是说它的某些陈述是非经验的。在实证主义者看来，"无意义"或"胡说"这些词表示或意在表示一种贬抑的评价，它们所表达的属于非经验科学的范畴。毫无疑问，实证主义者真正想完成的与其说是成功的划界，不如说是彻底推翻和消灭形而上学，可他们选择性地忽略了自己的哲学也是形而上学的一部分。

这一点在维特根斯坦，和他发展的逻辑原子主义同样存在这个缺陷。按照他的看法，每一个有意义的命题可以在逻辑上还原为原子命题的。他把基本命题表述为"实在的图画"或描述。我们从这一点可以发现：维特根斯坦的"有意义"的标准和归纳主义者的划界标准是相符合的，只要我们用"有意义的"代替他们的"科学的"或"合理的"等词汇。他们试图解决划界问题在归纳上遭到了失败：实证主义者急迫地消灭形而上学的同时消灭了自然科学，因为科学定律也不能在逻辑上被还原为基本的经验陈述。维特根斯坦的"有意义标准"，假如一贯地加以运用，就会把那些自然定律也作为无意义的而加以拒绝，它们绝不能作为真正的或合理的陈述而接受。

在我们生活的世界里，探索自然定律是人类的重要使命，正如爱因斯坦所说，是"物理学家的最高使命"。他试图揭示归纳问题为一个空洞的假问题这一观点,可以这样表达如下:"归纳问题在于要求关于实在的全称陈述的逻辑证明……我们与休谟一样承认,没有存在这种逻辑证明,其之所以不可能有,只是因为它们不是真正的陈述。"

这些推论意味着,归纳主义的划界标准并不能在科学系统和形而上学系统之间画出一条分界线,而且二者处于同一地位。这时实证主义关于"意义"的教条不但判定二者都是无意义的假陈述的系统。这样一来,实证主义没有从经验科学中把形而上学根除掉,却使得形而上学与科学的领域相互混淆。

和这些反对形而上学的策略(就是说,意图反对形而上学)。相反,我并不是去推翻形而上学,而是表述概括经验科学的特征,或对"经验科学"和"形而上学"这两个概念下个定义。

因此,我的划界标准只能被看作对一个协议或约定的建议,而不是规范。对于任何一种这样的约定是否科学,人们可以有不同的意见;而对这些问题的合理的讨论,只可能在有着某些共同目的的人们之间进行。当然,这种目的的选择是一种决定,超出理性论证的范围。

因此,任何将绝对确定的不可改变的真的陈述看作科学的目的和目标的人,一定会拒绝我在这里提出的建议。一些人认为"科学的本质……在于它的尊贵",他们认为这种尊贵寓于科学的"整体性"和"实在的真理性和本质性"中。他们大概不会认为现代理论物理学具有这种尊贵,因为现代量子物理学包含了很多随机与偶然的变数,不符合他们一成不变的真理观。而我认为,现代理论物理学是到目前为止我称作"经验科学"的最完全的体现。

5.经验的检验作用

给"经验科学"下一个定义的并不困难,可以阐述为:这个世界有很多逻辑体系,它存在一个体系和经验科学的系统相似。这个情况有时也可以这样说:存在着许多个(可能有无限多个)"逻辑上可能的世界"。但是,"经验科学"的系统只是表示一个世界:"实在世界"或"我们的经验世界"。

为了把这个思想叙述一些,我们可以区别我们的经验理论系统必须满足的三个要求:第一,它必须是综合的,才能表示一个逻辑上的可能的世界。第二,它必须满足划界标准,就是说,它不是形而上学的,而是表示一个可能的经验世界。第三,它必须以某种方式和其他这类系统区别开来。

那么,我们经验世界的系统又是如何被区别出来的呢?我的回答是:它是应用分析、描述的演绎方法区别出来的。

根据这个观点,"经验"成了分辨各种理论系统的辨别方法。这样,经验科学的特征就不仅在于它的逻辑形式,还要加上它的辨别方法(当然这也是归纳主义者的观点,他们试图将使用归纳方法作为经验科学的特征)。

因此,知识理论的目的是分析经验科学特有的方法,通常称作"经验"的理论。同样可以作为检验和演绎的方法。

6.可证伪度

实证主义关于意义的教条——所有经验科学的陈述,最后必须能够判定其真伪的,我们证明它们和证伪它们,至少在逻辑上都是可能的。因此,莫里茨·施利克说:"正确的陈述必须能得到最后的证实。"魏斯曼:"假如不可能确定一个陈述是否真的,那么这个陈述就没有任何意义。因为一个陈述的意义就是它证实的方法。"

从"为经验所证实的"特殊陈述推论出一个普通陈述的理论,这在逻辑上是不允许的。所以,理论在经验上是绝不可证实的。按我们的划界标准,实证主义者排除了自然科学的理论系统,那么我们就必须选择一个新的标准,它需要我们把即使不能证实的陈述也纳入经验科学的范围。

但是,只在一个系统能为经验所检验的条件下,我们才承认它是经验的或科学的。这个标准表述为可证实性并不能成为划界标准,而是可证伪度。换句话说,我并不期望科学系统能在肯定的意义上被一劳永逸地挑选出来,我要求它具有这样的逻辑形式:它能在否定的意义上借助经验检验的方法被挑选出来,经验的科学的系统必须有可能被经验反驳。

这里提出的划界标准,都可以提出各种反对意见。首先,科学给我们提供肯定性信息,而我的建议是,它能满足例如可反驳性这样的否定性要求。但是,因为一个科学陈述由于它的逻辑特性与可能的单称陈述冲突的可能越大,它所传达的关于世界的肯定性信息量就越大(我们称自然定律为"律",不是没有道理的。律本身就包含禁止的含义,禁止的越多,蕴含的信息量也就越大。越多,所述越多)。

其次,有人可能试图把我对归纳主义划界标准的批判转过来批判我自己。因为,对作为划界标准的可证伪度的设想,似乎和我自己反对可证实性的意见相似。

这个攻击并不能烦扰我,我的建议是以可证实性和可证伪度的不对称为根据而提出的。这个不对称来自普遍陈述的逻辑形式，因为这些普遍陈述不能从单称陈述中推导出来，但是和特殊陈述相矛盾。通过纯粹的演绎推理，从特殊陈述之真论证普遍陈述之伪是可能的。这样一种对普遍陈述之伪的论证可以说是朝"归纳方向"（就是从特殊陈述到普遍陈述）进行的唯一严格的演绎推理。

最后，反对意见似乎更为严重。人们即使承认不对称性，由于各种理由，任何理论最终系统地被证伪，因为找到某种逃避证伪的方法总是可能的。例如，特设性地引入辅助假说，对一个定义特设性地加以修改等。甚至他们有可能采取简单地拒绝承认任何起证伪作用的经验的态度，而并不产生任何逻辑矛盾。人们会说，这个事实就使得我提出的划界标准的逻辑价值值得怀疑。

对于最后一个反对意见，我必须承认，提出这个批评是正当的。但是我不需要因此就撤回采取可证伪度作为划界标准的构想。我正要提出，经验方法应被表征为明确地排除那些逃避证伪的方法，这些方法正如我想象中的批评者所坚持的那样，在逻辑上是可能的。而经验方法的特征是，它使待检验的系统以一切可设想的方式面临证伪的态度，它的目的不是去拯救那些站不住脚的，而是相反，是使这些系统面对最激烈的生存竞争，就像达尔文进化论一样优胜劣汰其中最适应者。

我建议的划界标准也引导我们回到休谟的归纳问题将自然定律正确性问题解决。这个问题的本质在于下述二者之间明显的矛盾：可以称作"经验主义的基本命题"的那个命题，只有经验才能判定科学陈述的真伪性，和休谟认识到归纳论证不可接受二者之间的矛盾。只有假定所有经验的科学陈述必须是

"可最后判定的",只有在这样的条件下,上述矛盾才会产生。假如我们放弃这个要求,只是单方面可判定的,更具体地说,可证伪的——并且可以为证伪它们的系统尝试所检验的那些陈述,也承认是经验的陈述,那么,矛盾就会消失。证伪法是不以任何归纳推理为其前提的,而只是以正确性没有争议的演绎逻辑的重言式变形为其前提。

7."经验基础"问题

在科学研究实践中,与理论系统相联系的划界问题有时是迫切需要解决的,至于特殊陈述,人们很少对它们的经验性质产生怀疑。的确,在实践中会发生观察的错误并产生假的单称陈述,但是科学家几乎从来没有理由把特殊陈述称作非经验的或形而上学的。

因此,"经验基础"问题,即关于特殊陈述的经验性质以及如何检验它们的问题。它在科学逻辑中所起的作用,和大多数其他所起的作用有点不同。因为大多数问题和研究的实践有密切的关系,而经验基础的问题几乎只属于知识的理论。然而,我又不得不讨论这个问题,它们产生了许多误解,特别是在知觉经验和基础陈述之间的关系方面。

感觉经验经常被认为是基础陈述提供一种证明。人们往往认为这些陈述的"基础"是来自于我们的感觉;或者认为通过知觉经验来"检查"显示出这些陈述的真理性;或者认为知觉经验使它们的真理性成为"明显的";等等。所有这些说法都显示一种强调基础陈述和知觉经验之间的紧密联系的完全正确的倾向。但是,因为陈述只能够根据逻辑并由陈述来证明,这也是对的。在知觉和陈述之间的联系依然不明晰,并且这种联系被同样模糊的说法描述，这些说法没有阐明什么，而是用含糊的说法跳过这些困难，或者多用些比喻暗示这些困难。

8.科学客观性和主观确信

"客观的"和"主观的"是在哲学史上充满着各种矛盾的用法，为此进行了无结论、无休止的讨论。

我对"客观的"和"主观的"术语的用法不同于康德。他用"客观的"一词来表示科学知识。不依赖于任何人的一时想法是可证明的。用"客观的"表示证明的过程，定义为：原则上它能被任何人检验和理解的话。他写道："假如某个事物对任何一个有理性的人都是合理的，那么它的基础就是客观的和充分的。"

科学理论不可能完全得到证明或证实，然而它们是可检验的。而像康德所说"某个事物对任何一个有理性的人都是合理的"，这样的"任何"根本无法检验。因此，我要说：科学陈述的客观性就在于它们能被主体间相互检验。

康德用"主观的"一词表示我们的确信程度。考察这些确信感如何产生是心理学的事情。例如，确信程度可以产生。另外，客观的理由也可以成为判断的主观原因，只要我们考虑了这些理由并确信它们有说服力。

每一个实验物理学家都知道，有些惊人的不可理解的外观"效应"在他的实验室里也许可以一度重复，但是最后消失得无影无踪。当然，在这种情况下，没有物理学家会说他已经做出一个科学发现。的确，科学上有意义的物理效应可以定义为：任何人按照规定的方法进行适当的实验都能有规则的、重复的效应。任何严肃的物理学家都不会把这种"神秘效应"作为科学发现去发表，他不能提供如何重复它们的指示。这个"发现"会很快被当作幻想而摈弃，只是因为检验它的尝试都得到否定的结果。

现在我们可以回到前一节中提出的我的论点：除了作为经验的（心理学的）研究对象外，主观经验或确信程度在科学中不可能起什么作用，不管确信程度是如何强烈，它绝不能证明一个陈述。哪怕我可以完全深信一个陈述的真理性，确信我的知觉提供的证据，具有一种极强烈的经验，任何怀疑对我来说都是荒谬的。即使如此，这是否为科学提供丝毫理由来接受我的陈述呢？能否因为完全确信它的真理性就能证明任何陈述呢？回答是："不。"

这样的逻辑与科学客观性的观念是不相容的。我正在体验着一种确信感，对我来说是确定无疑的事实。心理学家可以从我有这种确信感的猜测中，借心理学的和其他理论之助，演绎出某些关于我的个人行为准则或是我的思考方式，在实验检验的过程中，这些预见可得到确证或者被反驳。但是，从认识论的观点来看，我的确信程度是强还是弱，这是来自一种强烈的甚至不可抗拒的、先验性质的印象，还是只不过来自一个可疑的臆测，这是毫不相干的。这些和科学陈述如何能被证明的问题是没有丝毫关系的。

当然对经验基础问题并未提供一个解答，不过这些考虑至少帮助我们看到它的主要困难。由于要求基础陈述和其他科学陈述具有客观性，我们就丧失了我们希望把科学陈述的真理性还原为经验的任何逻辑手段。而且我们就不能给予那些描述经验，比如给予我们描述知觉的那些陈述任何优越的地位。它们只能作为心理学陈述在科学中出现,这就意味着:作为一种假说,它的主体间相互检验的标准肯定不是很高的。

在我们对经验基础问题的最后解答是什么之前,有一件事必须弄清楚的:假如我们坚持我们的要求,科学陈述必须是客观的,那么那些属于科学的经验基础的陈述也必须是客观的,即主体间是可以相互检验的。但是,主体间相互检验总是意味着:其他的可检验的陈述能从待检验的陈述中演绎出来。因此,如果基础陈述自身也要求各主体间相互检验性质的话,那么在科学中就不可能有最终的陈述。不能被检验的陈述不可能出现在科学中,因而在原则上不可能有不能被反驳的陈述,通过证伪可从它们演绎出来的某些结论来检验和反驳这些陈述。

我们就得出下列结论:理论系统被认为它们演绎出普遍性水平较低的陈述来检验。因为这些陈述是主体间相互检验的,它们也必定是以同样的方式可检验的,这样以至于无穷。

第三节 波普尔证伪主义的理论基础

1.因果性、解释和预见的演绎

给某一事件一个因果解释就是推断一个描述这一事件的陈述，使用一个或更多个普遍法则和一些特殊声明，将拉伸强度初始条件作为演绎的前提。例如，我们可以说已经给一根线的拉伸强度是1磅，我们把2磅的重物在这个断裂上面。假如我们分析这个因果解释，我们就发现有几个组成部分。一方面，有一个假说："任何超过拉力强度以上的重量线，这根线就被打断"，这个陈述有着普遍性自然规律的性质。另一方面，我们有特殊声明（在这个例子里有两个），它只应用于这里说的特殊事件："这根线的拉伸强度是1磅和重量在线"。

因此，我们有两个不同的陈述，它们都是一个完全的因果解释的必要成分。它们是：①全称陈述，就是带有自然定律性质假说。②特殊声明，适用于所讨论的特殊事件上，我称为"初始条件"。我们正是从和初始条件合取的全称陈述中，演绎出这个单称陈述："这根线要被打断。"我们称这个陈述为一个特别的或个人的远见。

初始条件描述该事件的通常被称作"原因"的东西（2磅

重物放在只有1磅拉伸强度的线上是这根线断的"原因"），预见通常被称作"结果"，我将避免使用这两个术语。在物理学里，"因果解释"这个表达方式的应用通常只限于一种特殊情况，在这种情况下，普遍定律具有"接触行动"形式的特殊情况，或者更确切地说，用微积分方程无限接近角色的距离。我不认为这是限制。而且，我并不想对这个理论解释的演绎方法的普适性做出一般的断言。因此，我并不断言任何"因果性原则"（或者"普遍因果性原则"）。

"因果性原则"主张任何事件都能做出因果解释，能用演绎对它做出预见。按照人们对这个论断里的"能"这个词的不同解释，这个论断或者是重言的（分析的）或者是关于实在的论断（综合的）。如果"能"的含义是：做出因果解释在逻辑上总是可能的，那么这个说法就是被叙述的，因为对任何预见我们总能找到可以由之演绎出这个预见的全称陈述和初始条件。然而，如果"能"的含义意味着世界由严格的定律所主导，世界是如此构成的：每一个特殊事件都是普遍规律性或定律的一个实例，那么这个说法是明确的。在这种情况下，这个断言是不可证伪的。所以，我既不采纳也不拒绝"因果性原则"；我对简单地把它当作"形而上学的"原则从科学领域里排除出去十分满意。

然而，我要提出一个方法论规则，是和"因果性原理"一致的，以至后者可以被当作它的形而上学的副本。这是一个简单的规则，我们不放弃对普遍性定律和自主权的理论系统的追求，也不放弃对任何种类我们能加以描述的事件做出因果解释的企图。这个规则指导着科学研究者的工作。这里我不同意这样的观点：最近物理学的发展要求放弃这一规则，或者说，现在物理学已被证实，至少在一个领域里继续寻找定律不再有任何意义了。

2.普遍性的定义

我们可以区别两个一般性和全面性的陈述："严格的普遍"和"普遍"。到目前为止，一方面，当我谈到一般性声明（理论或自然律）时，我指的是严格的普遍性声明。另一方面，数的一般陈述实际上等于一些特殊的陈述，或者说，一些特殊的陈述的合取。在这里，它们被归入特殊声明一类。

例如，比较下列两个陈述：（a）谐波振荡器的能量绝不会降到一定数量之下（即$hv/2$），它适用于所有的谐波振荡器；（b）人的身高不超过一定数量（比如8英尺①）适用于所有生活在地球上的人。演绎理论的形式逻辑（包括符号逻辑）将这种陈述作为一般性陈述（"形式的"或"一般的"含义）。然而，我认为必须强调它们之间的区别。陈述（a）要求在任何地方、任何时间都是真的。陈述（b）仅在有限的个人（或特殊）时空区域内有限类别的特殊要素。后一项声明原则上可以为单称陈述的合取所代替，因为只要有足够的时间，人们可以计算有关的（有限）类的所有元素。这就是为什么我们在这种情况下称为"数的全称"。相反，振荡器的语句（a），就不能被某个时空区域内有限数量的单称陈述的合取取代，世界在时间上是有限的，这时候只存在有限数量的振荡器。但是我们并不做任何这种假设，特别是在物理学的下定义中，我们

---

① 1英尺=0.3048米

不做任何这种假设。我们宁可把一种类型（a）的陈述当作一般性陈述，即关于无限个体数量的一般断言。这就清楚地解释了它不能为有限数量的单称陈述的合取所代替。

我使用一个严格普遍的声明，这样违反了：原则上，每个综合性的有限数量的特别声明。那些主张这种看法的人，援引他们的一人，要求可证实性的意义标准，或者某种类似的考虑，坚持认为我称作"严格的普遍性言论"的说法绝不可能得到证实，所以他们拒绝这些陈述。

在任何情况下，科学定律是严格的全称还是数的全称的问题不能用论证来解决共同的问题。这是只能用协议或约定来解决的那些问题之一。鉴于上述的方法，我认为把自然律看作综合的和严格的全称陈述（"所有陈述"）既有用又有成效。这就是把它们当作不能证实的陈述，我们可以用下列形式来表示它："……适用于在时空中（或者在时空的所有区域）中的所有点。"与此相对照，仅仅涉及一定的有限时空区域的陈述，我将其称之为"特称的"或"单称的"陈述。

3.普遍概念和个别概念

一般和特殊声明之间的区别与在普遍概念和名称或个别概念和名称之间的区别是密切联系的。

通常用下列例子来说明这种区别："独裁者""行星""H_2O（水分子）"是普遍概念或普遍名称；"Napoleon""地球""大西洋"是单一的或个别的概念。在这些例子里，个别概念或名称的特征是专有名词或者必须用专有名词来定义，而普遍概念或名称能够不用专有名词来定义。

我认为区别普遍概念或名称和个别概念或名称之间的是至

关重要的，科学的一切应用的基础，即从科学假说（它们是普遍的）推断个别情况，就是对个人期望的解释。但是，在每一个单称陈述里，一定会出现个别概念或名称。

在科学的特别声明里出现的个别名称，常常出现在时空坐标形式中。这是容易理解的，只要我们考虑到时空坐标系的应用总是关联到个别名称。因为我们必须固定它的原点，而我们只有用专有名词（或者与之等价的东西）才能做到这一点。

有时这种模糊的一般用语，如"这里的这个东西""那里的那个东西"等，可以用作个别名称，也许还和某种直接表示的手势联系在一起。简而言之，我们可以使用一些记号，它们虽然不是专有名词，但是在某种程度上和专有名词或个别坐标是可以互换的。但是，普遍概念也可以用直接表示的手势表示出来，只是模糊的表示。我们可以指着某些个别事物（或事件），然后用短语"以及其他类似的事物"（或者"等等"）来表示我们想把这些个体看作只是某一个类的代表，我们应该给这个类一个适当的普遍名称。

毫无疑问，我们正是从直接表示的手势以及类似的手段中学习普遍词汇的运用，即它们应用于个体。这样一种应用的逻辑基础是，个别概念不仅可以是类的元素的概念，而且可以是类的概念，因而它们和普遍概念的关系不仅可以是元素和类的关系，而且也可以是子类和类的关系。例如，我的狗路克斯不仅是个别概念"维也纳狗"这一类的元素，而且也是普遍概念"哺乳动物"这一普遍类的元素。而维也纳狗不仅是奥地利狗这一个别类的一个子类，而且也是哺乳动物这一（普遍）类的一个子类。

用"哺乳动物"这个词作为一般名称可能引起误解。因为像"哺乳动物""狗"等这些词在通常的用法中是不够明确的。这些词被认为是个别类名称还是作为普遍类名称，取决于我们的意图，即取决于我们想说的是生活在地球上的动物的一个种（个别概念），还是想说的是具有某些特性的一种自然物体，这些特征能用普遍术语来描述。

上面说的这些例子和解释应使大家明了"普遍概念"和"个别概念"在这里是什么意思。假如要我下定义，我就不得不如上面所说的："个别概念是这样一种概念，对它下定义时，专有名词（或等价标记）是必不可少的。如果不能提及任何专有名词，那么这个概念就是一个普遍概念。"不过任何这样的定义只有很小价值，因为它所做的一切只是把个别概念或名称的概念还原为专有名词的概念。

我认为这一用法与"普遍的""个别的"等词用法相当接近。但是不管是否是这样，我当然认为这里的区别是必不可少的，如果我们不想模糊普遍陈述和特殊陈述之间的相应区别的话（在普遍概念和归纳问题之间存在着完全类似的关系）。鉴别一个个别事物，只根据它的普遍的性质和关系，这种性质和关系似乎是专属于它而不属于任何其他事物。这种试图是注定要失败的。这样的程序不是去描述一件事情，而是描述属于一般类别的所有人的一些性质和关系。即使用一个普遍的时空坐标系也不能改变这一点。因为不确定是否存在任何与用普遍名称描述相符的个别事物，假如存在的话，又有多少，始终是一个待解决的问题。

4.严格的全称陈述和严格的存在陈述

把一般声明说成是没有个别名字的陈述当然是不够的。如果"乌鸦"一词用作一个普遍名称,那么,显然"所有乌鸦都是黑的"就是一个严格的普遍陈述。但是,在许多其他的陈述中,诸如"许多乌鸦是黑的""有些乌鸦是黑的""有一些乌鸦"等,也只出现普遍名称,然而我们当然不应称他们为一般声明。

只有普遍名称没有个别名称出现的陈述,我们叫它"严格的"或"纯粹的"陈述。其中最重要的就是我们已经讨论过的严格的一般声明。此外,我特别对"有一些乌鸦"这样形式的陈述感兴趣。这可以被认为与下列声明的意思相同:"至少存在一只乌鸦"。我称这种声明为严格或纯粹存在的陈述(或"有陈述")。

严格的一般声明的否定总是与严格的存在陈述相同,反过来说也是一样。例如,"不是所有的乌鸦都是黑的"就等于说:"存在着一只不黑的乌鸦"或"有非乌鸦"。

自然科学的理论,特别是所谓自然定律,有严格的全称陈述的逻辑形式;因此它们可以被表达成严格的存在陈述的否定形式,或者可以称作不存在语句(或"无"语句)。例如,能量守恒定律可以表达为这样的形式:"没有存在永动机",基本电荷的假说可以表达为这样的形式:"除了基本电荷的倍数以外,没有存在任何电荷。"

在这个声明里,我们看到:自然法则可以和"排斥"或"禁止"相比拟。它们并不断言什么东西存在着或具有某种状态,而是否定它。它们坚持一定的事物或状态的没有存在,可以说是排斥或禁止这些事物或状态：自然法则排除它们。正因如此，它们是可证伪的。如果有一个特别声明断言为法则所排除的某一事物存在（或某一事件发生），因而可以说违反了禁令，而我们认为这个陈述是真的，那么这个法则就被反驳了（一个例子是："在某个地方，有一个装置是永动机。"）。

严格的或纯粹的声明，不论是一般（普遍）的还是存在的，对于空间和时间来说都是不受限制的。它们并不涉及个人，以及有限的时空区域。这是为什么声明的严格存在不是可证伪的理由。我们不能去搜索整个世界来确定某个事物不存在，过去从未存在过，将来也不会存在。正由于同一个理由，严格的一般性陈述并不可靠。同样，我们不能去搜索整个世界来确定定律所禁止的事物不存在。然而，两种严格的陈述，即严格陈述和严格的一般性陈述，原则上都是可以用来经验判定的；不过，每一种判定都只是单向的，单方面可判定的。每当发现某个事物在某个地方存在，一个严格存在陈述因此被证实，或一般声明被证伪。

这里描述的不对称以及由此引出的推断，即经验科学的普遍陈述的单方面可证伪度。现在我们看到，在任何纯逻辑关系中都不存在不对称；相反，逻辑关系表现为对称性。普遍的和现有的陈述是对称地构建出来的，只是我们的划界标准划出的一条线产生了不对称性。

5.理论系统

科学理论正在变化着。这不全是由于偶然的缘故，而是根据我们对经验科学的特征理解，是完全可以预期到的。

也许这就是为什么，只有科学的分支——而且只是暂时的——达到精致的、逻辑上建构严谨的理论体系。尽管如此，一个试验性的系统通常完全能够作为一个整体来加以考察，包括它所有的重要推断也是非常必要的。因为系统的严格测试检验预先假定，在形式上是可确定的和不可更改的，使得新的假定不可能被偷运。换句话说，系统必须表述得足够清楚和明确，使得我们可以轻松地辨认出每一个新假定是一种系统的修改，因此是一种修正。

我认为，这是为什么一个严密的系统形式被作为目的来追求的原因。这种形式是所谓"公理化系统"——例如，希尔伯特能够给理论物理学提供某些分支这种形式。人们尝试收集所有必需的假定（但是不多于必需的）来形成系统的顶点。它们通常被称作"公理"（或"公共""原始命题"），在这里使用的"公理"这个术语，并不意味着认为它就是真理。公理以这样的方式选择：所有其他属于这个理论系统的语句都能用这些公理的逻辑的或数学的变换可以从这些公理中推导出来。

一个理论系统可以说是公理的，而已表述的一组陈述，即公理，满足下列四个基本的要求：①公理系统必须是不存在矛盾的。这等于要求不是每一个任意选择的陈述可以从这系统中推演出来。②这一系统必须是独立的，即它不准包含任何可以从其他公理中推演出来的公理。这两个条件是关于公理系统本身的。③至于对公理系统和理论的主体的关系来说，公理必须是充足的，可以使所有属于要公理化的那个理论的陈述得以推演出来。④为了达到同样的目的，公理必须是必要的，这意味着它不应包含多余的假定。

在这样的公理化的理论中，考察这一系统的各个部分的相互依赖性是可能的。例如,我们可以考察理论的某一部分是否可以从公理的某一部分中推导出来。这种考察关乎可证伪度问题有重要的关系。它们使我们弄清楚为什么一个逻辑演绎的声明的证伪有时不会影响整个系统,而只是影响这个系统的某一部分,这个部分因此可被看作已被证伪的。这是可能的,因为虽然物理学理论一般并没有完全公理的,但是这个理论的各部分之间的联系可以很清晰,使得我们能够判定它的哪一个子系统受到某一特定的起证伪作用的观察的影响。

6. 公理系统的几种解释

在这里不讨论古典唯理论的观点:某些系统的"公理",比如欧几里得几何学的公理,必须被看作直接地或直的确定性,或不言而喻。我只是表示我不同意这个观点。我认为,任何公理系统的两个不同的解释是可以接受的。

有时公理被描述为它们引进的观念的"隐含定义"。这个看法可以通过公理系统和(自指的和可解的)方程式系统之间的类比来说明。

因为公理系统的未定义的基本观念或原始术语能被看作空缺,公理系统开始时可以被作为语句函项系统来处理。但是,假如我们决定只有那些能满足这个系统的值系统或值组合可以被取代,那么它就变成方程式的一个陈述。它本身隐含地定义了一个(可接受的)概念系统。满足公理系统的每个概念系统可以被称作"这一公理系统的模型"。

公理系统可以被解释为约定系统或隐含定义系统,但是,如果替换一个模型,那么结果就是一个分析陈述系统。因此,用这样的方法来解释的公理系统不能被看作是经验的或科学的假说系统,它不能因它的推断的被证伪而被反驳,因为这些推断也必定是分析的陈述。

在这里,我可以补充说明一下:公理系统(例如几何)的原始概念通常与另一个系统(例如物理学)的概念相联系的,或者与后者相关联。在某一门科学的演化过程中,当演示系统在特定科学的演变中用新的(更一般的)假说系统来解释的时候,这种可能性是特别重要的。从这个新的假说系统中,不但可以演绎出第一个系统的陈述,而且可以演绎出其他系统的陈述。在这样的情况下,可以使用某个旧的系统中使用的概念来定义新的系统的基本概念是可能的。

第四节 "客观知识"的理论

培根有一句名言:"知识就是力量。" 我们从出生开始就一直在接触"知识"这一概念,也在不断地学习和领悟新的知识。那么到底什么是知识? 知识是客观的,还是主观的?

在讨论清楚这个问题之前,我需要对这个物质世界来一次理性的划分,分成"三个世界"。我们所处的物质世界称作"世界1",它包括物理的对象和状态。精神世界称作"世界2",它包括心理素质、意识形态、主观经验等。我们把"世界3"用来指人类精神活动的产物,即思想内容的世界或客观意义上的观念的世界,或可能的思想客体的世界,它包括客观的知识和客观的艺术作品。构成"世界3"的要素很广泛,有科学问题、科学理论、理论的逻辑关系、自在的论据、自在的问题情况、批判性讨论、故事、解释性神话、工具等。

当然这"三个世界"都是实在的,它们之间直接或间接地产生作用。首先,"世界1"和"世界2"是相互作用的。如食物能给人以温饱和充沛的精力,这是"世界1"作用于"世界2"。人的坚强意志能克服种种外部世界带来的困难,这是"世界2"作用于"世界1"。其次,"世界2"与"世界3"

两者也是相互作用的。如音乐家因受炽热情感的影响而写出优美动听的乐章,这是"世界2"作用于"世界3";反过来优美的音乐能激发听众内心的感慨或热情,这是"世界3"作用于"世界2",等等。

其中"世界3"对"世界2"的反馈作用是十分重要的。因为一般人认为,科学家可以根据个人的主观意愿任意创造出"世界3"的对象——科学理论,因此在研究科学的认识论和方法论时,总是只注重研究科学家的"世界2",即他们的心理活动或认识活动,而忽视对"世界3",即科学知识的自身发展的"自主性",这也是我在后面提到的科学发展动态模式的应用。

当然"世界1"与"世界3"也是相互作用的,不过它们不是直接作用,而是通过"世界2"为中介间接地相互作用的。在这方面的最好例证是脑(世界1)和语言(世界3)之间的相互作用。它们通过"世界2"(人的意识)而相互作用,其结果不仅促使了脑的进化,还促进了语言的发展。在这种意义上,人和科学知识的发展都是通过"三个世界"的相互作用而实现的,因此不承认"三个世界"的实在性及其相互作用的关系,就不能科学地理解和研究人及其科学知识的产生与发展。

不过我特别关心的,还是"世界3"问题。一方面,"世界3"是人类智力活动的产物,因而也可以说是人造的,而我们讨论的"知识"这一话题也在"世界3"中。另一方面,这个世界同时又是超人类的,即超越了自己的创造者,但是这种人造性并不排除它的实在性。相反,它的实在性包含着两重含义,一是,在于它们在"世界1"中的物质化或具体化;二是在于它们自身的自主性和独立性。

一方面,人类知识是长期进化的产物;另一方面,知识的进化,"世界3"的进化,仍然是达尔文主义的模式。三个世界在历史关系上是进化的。有一个物理世界,即"世界1",它的一个次级世界是生物有机体世界。"世界2"是有机体世界的进化成果。"世界3"即人心产物的世界,作为"世界2"的进化成果而出现。①

我们知道,人类精神世界本身也是一种物质,现代的科学研究也表明我们的记忆和思维是我们大脑中各种脑细胞与神经元化学活动的结果。而"知识"作为"世界3"的事物,作为"世界2"的进化成果同时也与"世界1"间接发生作用。因此,我们可以得出结论:知识是客观的,而且是不断进化的。

科学给我们展示了一幅试探性的宇宙图景,其中有新的层次及与之相关的新事物突现出来。在最初层次上有重原子核;在较高一级层次上出现有机分子;在更高层次上生命出现;在更高一个层次上出现意识状态;在再高一个层次上出现人类精神的产物,如科学理论、艺术作品等。

在波普尔看来,精神的出现是生命进化中的大事,这已得到越来越多的人认可,主要的困难在于说明在进化链上出现的知识。

因为知识是客观存在的,所以知识的发展也同样适用于达尔文的生物进化论。按照达尔文主义的观点,在进化中选择是极其重要的,这对于进化中出现知识也是适用的,并且知识的

---

① 见波普尔《研究逻辑》,1934年德文版;《科学的发现》1959年英文版以及各版。

进化也可以类比孟德尔的遗传理论、突变理论等生物理论。

认识活动的进展，知识的增长，像生物进化一样，都按照试错法进行。就像生物的优胜劣汰一样，优秀的知识理论也在进化中生存下来，而那些相对落后的知识则逐渐被淘汰或者变异。科学从问题开始，引发出竞争理论，进而对它们做批判性评价，这就要求严格的批判性检验，其目的在于排除错误。这是一种选择。动物甚至植物也用同样的方法解决问题。

爱因斯坦与阿米巴都免不了犯错误，主要差别在于，是否怕犯错误或厌恶错误，是否对批判有自觉的态度。科学家努力消除自己的虚妄理论，让它们代替自己去死亡，而这些知识的信徒——不管是动物还是人——则随他自己的虚妄信仰而死去。

关于进化论的认识论我们可将其看作是达尔文主义进化论的延伸。其论据很简单：人类知识是进化的结果，知识像意识状态、精神一样是进化链条上突现的环节，"世界3"和"世界2"是实在的，它们的出现同有机体世界在世界内部出现一样，是一种选择，一种进化。这样，关于知识的理论就成了进化论中的新篇章。

第五节 "被证伪的"才是科学的

在这个世界中,究竟何为真理,何为谬误。这个问题困扰了我们几千年。曾经的我们将地心说奉为圭臬,并始终相信这个真理,然而现在毫无疑问,这曾经的真理被认为是一种谬误。或许多年以后,我们现在坚定不移相信的那些科学真理,终有一天也会变成谬误。

这可能就是科学发展的模式:问题模式。科学问题的产生,就像胡克提出对万有引力的思考这样的命题,接着科学家们就这个命题去思考,于是便有了新的科学理论,正如牛顿的万有引力定律的发现。而这个定律也能够预言很多现象,甚至预言出海王星的发现。

虽然牛顿的万有引力看似很完美,但它却是可以被证伪的。因为只要在天体位置计算与实际观测出现偏差,便可以证明万有引力定律的错误性。事实上,这种偏差也确实出现了,而其后的爱因斯坦相对论又完美地解释了这个误差,并且后来的可续发现也证明了相对论的正确性。当然,这种正确性也是暂时的。与之不同的是,无论星占学的占卜结果是否准确,它们都能找到"合理"的理由解释占卜精确或者不精确的原因,也就是你永远无法证明星占学是错误的。

于是，我提出科学和非科学划分的新原则：证伪的原则。科学和非科学的划分在我这里得到了明确界定，而且是一反常识的。非科学的本质不在于它的正确与否，而是在于它的不可证伪度。于是，数学和逻辑学便被划分为非科学的。同样，心理分析学说、星占学说、骨相学、马克思之后的"马克思主义"也都是非科学的。它们都不可被证伪。数学和逻辑学之所以被划分为非科学，其原因在于他们并不需要经验去检验，他们被休谟称为必然真理。科学和非科学一样，都既包含着真理，又包含着谬误。没有永恒的真理，而谬误中却永远存在合理的成分。

那么"证伪"到底是什么？

"证伪"，顾名思义，就是证明是错的。那为何说能被"证伪"的知识才是错误的？这里不得不提到"证实"的概念。证实也就是实证，也就是用实例去证明。

科学实验的证实往往有两个方面的不足：

第一，实证的数量是有限的，一万只天鹅是白色的也不能证明所有的天鹅全部是白色的，可能在我们看不到的地方有一只其他颜色的天鹅。

第二，从实证的论据推导到结论之间，会存在众多的看得见或者看不见的干扰变量，无论如何控制变量，也无法保证科学逻辑的正确。比如有人想证明螃蟹是不能吃的，他找到了一些吃过螃蟹后就死去的人，虽然他们的死因并不是吃螃蟹导致的，但这些明显看起来有问题的论据却广泛出现在科学证明之中。

但是，证伪与之相比就有了太多的优势，一个反例或者可能的反驳就能证明和检验理论的科学性。只需要一个反例就能推翻一个科学猜想。因此能被证伪的事物才是科学的，像占星学、神学无法被证伪，它们是伪科学的。而牛顿的经典力学、爱因斯坦的相对论体系都是有可能被"证伪"的，因此他们的理论是科学的。而一个理论的科学性还有它的可靠性可以用它的可证伪度来表示，一般来说，一个科学理论的预言能力越强，越容易被证伪，它的可证伪度也就越高，那么这个理论在被取代之前它的价值就越高，因为我们可以运用这个理论去指导更多的实践。而对可证伪度这一概念我将在下一个章节阐述。

在（如按照我们的经验方法规则处理它）可证伪的系统的情况下，需要注意防止约定主义的策略。我们假定，已经用我们的规则成功地防止了这些策略，现在可以要求说明这种可证伪的系统的逻辑特征了。我们将试图以理论和基础陈述类之间的逻辑关系来说明理论的可证伪度的特征。

我称作"基础陈述"的特殊陈述的性质，还有它们是否也是可证伪的问题，将在下一章中做更充分的讨论。这里我们假定：存在可证伪的基础陈述。必须记住：当我讲到"基础陈述"时，我并不是指已接受的陈述系统。毋宁说我使用"基础陈述系统"这一术语时，它包括具有一定逻辑形式的所有相一致的单称陈述——可以说是关于事实的所有可设想的单称陈述。因此，由全部基础陈述组成的系统包含着许多互不相容的陈述。①

---

① 波普尔.科学发现的逻辑[M].查汝强，邱仁宗，万椿，译.杭州：中国美术学院出版社，2008.

我们必须清楚地区别可证伪度和证伪。我们用可证伪度只是作为陈述系统的经验性质的标准。至于证伪，必须用特殊规则来决定一个系统在什么条件下应被看作已被证伪。

只有当我们已经接受和理论相矛盾的基础陈述时，我们说一个理论已被证伪。这个条件是必要的，但不是充分的，因为我们知道，不能复制的个别偶发事例对于科学是没有意义的。因此，少数偶然的与理论矛盾的基础陈述不会促使我们把理论作为已被证伪而摈弃。

只有当我们发现一个反驳理论的可复制的效应时，我们才认为它已被证伪。换句话说，只有当描述这样一种效应的一个低水平的经验假说被提出和确认时，我们才接受这一证伪。这种假说可以称作证伪假说。证伪假说必须是经验的，因而是可证伪的，这一要求的意思只是它必须和可能的基础陈述具有一定的逻辑关系。因此，这个要求只与假说的逻辑形式有关。这一假说应该得到验证，这个附加条件是指它应该通过检验——使它面对着已接受的基础陈述的检验。

因此，基础陈述有两个不同的作用。一方面，我们使用所有在逻辑上可能的基础陈述的系统，是为了借助它来得到我们正在探求的经验陈述形式的逻辑特征。另一方面，已接受的基础陈述是假说得到验证的基础。如果已接受的基础陈述和理论相矛盾，那么我们就认为仅当它们同时验证了一个起证伪作用的假说时，它们就为理论的证伪提供了充足的理由。[①]

[①] 波普尔.科学的逻辑[M].查汝强，邱仁宗，万椿，译.杭州：中国美术学院出版社，2008.

第二讲
科学发现的逻辑

第一节 可证伪度
第二节 简单性
第三节 知识进化论
第四节 证伪主义的发展

第一节　可证伪度

在上一章节中，我定义了"证伪"的概念，但"证伪"在实际中如何运用，如何结合数学中的概率学将"证伪"变成一种精确的定量数据"可证伪度"就显得尤其重要。

那么，什么是可证伪度？

"可证伪度"是指一个理论被证伪的可能性程度。一个理论如果没有可证伪度，就不是科学理论，只是伪科学。

在提出"可证伪度"这个概念后，我需要从四个方面对这个概念详细阐释。

1.可证伪度不等于约定主义

在反驳约定主义之前，我们需要阐明何为约定主义的问题。

我同意法国数学家彭加勒的理论，他希望在经验论与先验论之间，走出一条新的道路，确定科学原理既不是先验的，也不是来自经验的，而是一种约定。换句话说，我们现在所得到的科学原理并不是来自于经验的感知，也不是来自于绝对的真理，只是科学家或者大多数人的一种约定。

约定主义哲学的根源是对物理定律中显示出来的世界素朴

优美的简单性。自然定律为我们揭示了在丰富且多样性的外表下，世界内在结构的简单性，约定主义者却认为，这种简单性是不可能理解的。康德的唯心主义没办法解释这种简单性，他说：是我们的知性把它的定律赋予自然。约定主义者把这一简单性看作我们自己的创造。然而，他们认为，这种简单性并不是由于我们的知性把定律加于自然，使得自然成为简单的；因为他们并不相信自然是简单的，仅仅"自然法则"是简单的。约定主义者还认为，这些自然定律是我们的自由创造、我们的发明、我们的任意决定和惯例。对于约定主义者来说，自然科学理论不是自然界的图景，而是逻辑建构。决定这种建构的不是世界的性质；恰恰相反，正是这种建构决定着一个人工世界的性质：一个概念的世界，它由我们选择的自然定律隐含地给予定义。科学正在谈论这个世界。

约定主义哲学帮助我们澄清理论和实验的关系是很值得称赞的。

我认为约定主义是一种独立又完整的可加以辩护的系统，它的基础是一种关于科学、关于科学的目的和功能的观念，这种完全不同于我的想法的。我并不要求科学最终的确定性，而约定主义者在科学中追求"基于最终根据的知识系统"，这是丁格勒所说的。这个目的是可以达到的，而把任何给定的科学系统解释为隐定义的系统是可能的。

在危机时期，科学目的的这种冲突变得尖锐。我们和同意我们态度的人，希望有新的发现；我们希望新建立的科学系统会帮助我们有新发现。我们对起证伪作用的实验产生极大的兴趣。我们为其成功而欢呼，因为它开辟新的愿景，进入一个新经验的世界，即使这些新经验提供给我们新论据来反对我们自己最近才提出的理论，我们也要为此欢呼。但是约定主义者却把这个新出现的结构看作"彻底崩溃的科学总崩溃"的纪念碑。正如丁格勒所说的，在约定主义者的眼里，只有一个原则能够帮助我们从所有可能的系统中选出"经典"系统：这是选择最简单的系统——最简单的隐定义的系统的原理，当然这实际上就是当时的"经典"系统。

因此，我与约定主义者的冲突不是可以仅仅由先验的理论来解决的。然而我可以从约定主义者的思想方式中抽出若干与我的划界标准相悖的部分，这是可能的，例如下面所说的论据。一个约定主义者可能会说：我承认自然科学的理论系统是没有确定的，但是我认为它们也是不可证伪的。因为总是有可能使任何合意的公理化系统达到所谓的"真正一致"，可以用多种方法完成。例如，我们可以引进特设性假设，或者我们可以修改所谓"定向定义"。或者我们可以怀疑实验者的可靠性，可以把威胁我们系统的实验者的观察从科学中排除出去，根据这样的理由：这些观察的根据不充分、不科学；或者不客观，抑或根据这样的理由：实验者是一个说谎者。作为最后的手段，我们总能对理论家的才智表示怀疑。（假如丁格勒不相信电的理论将来有一天会从牛顿的引力理论中推导出来。）

因此，按照约定主义的观点，把理论系统分为可证伪的和不可证伪的是不可能的；或者更确切地说，这样一种区分是模糊的。结论就是，我把可证伪度标准作为划界标准必定证明是无用的。

2.可证伪度的方法论

我认为，约定主义者的这些反对意见，正如约定主义哲学本身那样，是无可争辩的。我承认我提出了可证伪度标准并没有一个毫不模糊的分类。的确，可证伪度标准不可能靠分析一个声明系统的逻辑形式来判定，这是一个不可反驳的隐定义的约定系统，还是在我的意义上是经验的，也就是可以反驳的系统。然而，这不过表明我的划界标准不能直接应用到陈述系统上去，这我已经在之前提到过。因此，给定的系统本身应该被认为是一个约定主义的系统还是一个经验的系统问题是错误的。只有通过参照应用于理论系统的方法才可以问，我们处理的是约定主义的还是经验的理论。

避免约定主义的唯一方法是采取一个决定：决定不应用它。我们决定，假如我们的理论系统受到威胁，我们不会用任何种类的约定主义策略来挽救它。因此我们将防止利用某种存在的可能性："……使任何合意的……系统，达到所谓它'和实际相符'。"

布莱克也曾表达了对约定主义方法的得失的清楚认识。他写道："巧妙地适应条件，能使得几乎任何假说和现象相一致的条件。这个将满足我们的想象，但是不能增长我们的知识。"

为了提出防止采取约定主义策略的方法论规则，我们必须熟悉这些策略可能采取的各种形式，以便对每种形式采取适当的反制措施。而且，我们应该决定，当我们发现一个系统为约定主义策略所挽救时，我们可以重新审视它，假如情况需要的话，就可以摈弃它。

关于辅助假说，我们建议制定这样的规则：那些增加该系统的可证伪度或可检验度的辅助假说才是可接受的。如果可证伪度增加了，那么引入假说真正强化了这个理论：这个系统比以前排除更多的东西，禁止更多的东西。我们也可以说：引入辅助假说总应被看作构建新系统的尝试，那么这个新系统总是根据它被采用后，考虑能否真正了解这个世界的进步。

在这个意义上能被接受的辅助假说的例子是玻利的不相容原则。而不能令人满意的辅助假说的例子是洛仑兹的收缩假说，它没有可证伪的推断，只是为了恢复理论和实验，主要是与迈克尔森的发现保持一致。

在这里进展依赖于相对论，它预见了新的推断、新的物理效果，因而开辟了检验和证伪理论的新的可能性，我们的方法论限制：我们不需要把每一个辅助假说加以摈弃。特别是，有一些陈述实际上根本不属于理论系统。它们有时被称作"辅助假设"，虽然它们被引入来帮助形成理论，它们完全是无害的。在这之前，我提到过这个定义。凭着这个定义，我们用一个普遍性水平较低的系统来给出一个公理系统的概念的意义。有用的话，改变这些定义是可以允许的；不过他们必须被认为是系统的修改，以后就必须重新审查它，仿佛它是新的系统一样。

未定义的普遍名称，有两种可能性的区别：①某些未定义的概念只出现在普遍性水平最高的陈述中，它们的使用是基于我们知道其他概念和它们处于什么样的逻辑关系中的这一事实。②其他的未定义的概念也出现在普遍性水平较低的陈述中，它们的意义是由惯用语确定的。与此相关的，我们要避免改变习惯性用法，而在其他方面就如前面说的那样按照我们的方法论来行事。

关于我们列举的其他两点，我们要采用类似的规则，一是接受或拒绝根据相反的实验，即一个可主体间相互检验的实验。二是诉诸要在未来被发现的逻辑指导可以不予考虑。

3.偶然与必然

可证伪度分为两部分。第一，方法论的公设不是很确定。第二，逻辑标准，一旦我们弄清楚哪些陈述应被称作"基本的"，它是非常确定的。这个逻辑标准已经以某种形式表达为陈述之间的逻辑关系，以及理论和基础语句之间的逻辑关系。假如我现在用"实在论的"语言来表达我的标准，它会更清楚、更直接。

在这个"实在论的"语言方式里，我们可以说，一个基本说明描述一个事件。因此，我们不说被理论上的排除或禁止的基础陈述，而是说某些可能的偶发事件的理论，并且说假如这些可能的偶发事件事实上发生了，理论将被证伪。

我们如果使用这个模糊的词"偶发事件"，也许会遭到批评。有人说，像"偶发事件"或"事件"这类词应从认识论的讨论中全部删除，我们不应该说"偶然的""非偶然的"或者"事件"的发生，而应该说所陈述的是真或假。不过，我赞成保留"偶然"这个词。这很容易将它的用法加以定义，使之不会引起人们的异议。因为我们可以这样使用：每当我们说到一个偶发事件时，我们也能说出与之相应的某个单称陈述来代替它。

给"偶发事件"下一定义时，我们可以记住这样的事实：两个逻辑上等价的（就是说，可以相互演绎出来的）描述同一偶发事件，这是很自然的。

不管谁用实在论的言语方式使用"偶发事件"这个词都会想到一类陈述；它们的目的只是为了给出一个实在论言说方式的解释，这个解释使得有些说法容易理解。

现在要用另一个术语"事件"来表示什么是一个偶发事件的典型的或普遍的内容，或者在一个偶发事件中什么东西可以用普遍名称来加以描述。因此，我并不根据事件来理解复杂的或者偶发事件，不管这些词的日常用法是什么。

现在我们要将这个术语应用于我们的问题上来。我们说，一个理论，如果它是可证伪的，不仅排除或禁止偶发事件，而且总是至少排除或禁止事件。我们可以把属于一个事件的单称基础陈述称作"同型"，以表示描述一个偶发事件的等价陈述，类似描述一个（典型的）事件的同型的陈述。因此，我们可以说理论的潜在证伪者的每一个非空类至少包含同型基础语句的一个非空类。

现在让我们想象，一个圆形面积代表所有可能的基本语句。这个圆的面积可以被看作代表经验的所有可能的世界或所有可能的经验世界的总和。我们进一步设想，一条半径（更精确地说，沿着一条半径的一个很窄的面积，或者说一个很窄的扇形）代表每一个事件，并且想象具有相同的坐标（或个体），任何两个偶发事件的位置等于圆心的距离，因而在同一个同心圆上，我们可以用图说明可证伪度这一公设：要求每一个经验理论在图形里必须至少有一条理论禁止的半径（或很窄的扇形）。

这可以证明，在讨论我们的各种问题时是有用的，比如关于纯粹存在陈述的形而上学的性质诸类问题。显然，一个事件

（一条半径）属于这种陈述，因而属于这个事件的各种语句，每一个都将证实是纯粹。然而，它的潜在证伪者类是空的；所以，在纯粹存在陈述中，不可能对任何关于经验世界的知识（这不排除或禁止任何半径）提供一种可能。相反，从每一个基本的陈述中得出一个纯粹存在的陈述，这个事实不能用来作为支持后者的实证法。因为每一个重言式也可从每一个基本陈述中得出，因为重言式可从任何陈述中得出。

虽然可以说，重言式陈述、纯存在陈述以及别的不可证伪的陈述，对于可能的基础陈述类是断言太少，而自我矛盾的陈述则是断言太多。从一个自我矛盾的陈述中，任何陈述都可以正当地被演绎出来。因此，其潜在证伪类等于所有可能的基础陈述类：它为任何陈述所证伪。

4.可证伪度的无矛盾性

在一个理论系统或公理制度中，必须满足的各种要求之中，无矛盾性要求起着特殊的作用。它可以被看作每一个理论系统，不论是经验的还是非经验的，都要符合第一个要求。

为了说明这个要求的重要性，只提到明显的事实，即必须摈弃自相矛盾的陈述，因为它是"伪"的，这样做是不够的。自相矛盾的陈述不传达任何信息，一方面，无矛盾性要求的重要性就会得到认识。它之所以不传达任何信息，是因为我们喜欢的任何结论都能通过它而得出。因此，不能挑选出或作为不相容的或作为可推导的任何陈述，所有的陈述都是可推导的。另一方面，无矛盾陈述把这组所有可能的陈述分为两种：与它相矛盾的陈述和与它相容的陈述，是能够从中推导出来的结论。这就是为什么无矛盾性对一个系统来说是最普遍的要求，不论它是有经验的还是没有经验的，如果它想有任何用途。

除了无矛盾性之外，经验系统必然满足下一步的条件：它必须是可证伪的，这两个条件在很大程度上是相似的。不符合无矛盾性条件的陈述，不能将所有可能的陈述的总体中区分任何两个陈述。不符合可证伪度条件的陈述，不能在所有可能的经验的基本陈述的总体中区分任何两个陈述。

第二节 简 单 性

简单性原则是一个非常值得探讨的问题，何为简单性？

简单性是用最经济的思维方式解释事物背后的原理。哥白尼的日心说可以解释各种天文现象，比如日食与月食，而托勒密的本轮均轮体系也可以解释。在今天看来，日心说与地心说本质上并无对错之分：把太阳作为参考系，地球绕着太阳旋转；把地球作为参考系，太阳绕着地球旋转；只不过对于把地球作为参考系而言，对其他几大行星的轨迹的解释会变得更为复杂。但"日心说"取得最终的胜利，正是因为它的"简单性"所造成。

关于"简单性问题"的重要性几乎没有一致性意见。德国数学家外尔曾说："简单性的问题对于自然科学的认识论是最重要的。"然而，近来人们对于这个问题的兴趣并不高涨，也许是因为很少有机会来解释这个问题，特别是在外尔进行透彻的分析之后。

最近，简单性观念一直在无批判地使用，简单性是什么，为什么它应该是有价值的，看起来是很明显的。不少科学哲学家从理论上给予简单性的概念以关键性的重要地位，甚至没有注意到它带来的困难，例如，马赫的追随者试图用"最简单的描述"这一观念来代替因果解释的观念。没有用来形容"最简单的"或者类似的词，这个学说就等于什么也没有说。当应该解释为什么我们认为用理论对世界进行描述，优于用单称陈述对世界进行描述时，理论比特殊陈述更简单。然而很少有人曾经尝试解释过，为什么理论应该是更简单的，或者更确切地说，简单性是什么意思。

如果我们假定使用理论是出于简单性，那么我们应该用最简单的理论。庞加莱认为，理论的选择是一个约定的问题，也就是要这样来表述他的理论选择原理的：他选择可能的约定中最简单的。但是，哪一个是最简单的？

1.逻辑上的简单性概念

"简单性"这个词有很多不同的意义。这里的简单性的意义不在于生活或者美学意义上的简单性，而是逻辑上的简单性。例如，从方法论的意义上看，薛定谔理论具有很大的简单性，但是在另外一种意义上，可以说它是"复杂的"。一个问题的解决不是简单的，而是困难的，或者说，一个描述或一个说明不是简单的，而是难以理解的。

我们对于同一个数学证明的两种说明，其中一个比另一个更简单或更优美。从知识理论的观点来看，这种区别意义很小；它不在逻辑的范围之内，而是表示一种美学性或实用性的选择。当人们说一个工作比另一个工作适合"用更简单的办法完成"时，意思是，它可以更容易地完成，或者，为了完成它，需要较少的训练或较少的知识，这是相似的。在所有这些情况下，很容易排除"简单性"这个词，这一词的使用是合乎逻辑的。

2.简单性的方法论问题

在我们排除了美学的和实用的简单性理论以后，如果有东西可以遗留的话，那是什么呢？逻辑学家是否有重要的简单性概念？是否可能按照它们的简单性来区别在逻辑上不等同的理论？

对这些问题的回答似乎是很可疑的，因为大部分想定义这个概念的尝试只取得了很小的成功。例如，石里克给了一个否定的回答。他说："简单性是一个……概念，它表示的选择性质上，部分的是实用的，部分的是美学的。"值得注意的是，他给出了这个答案，是在他写到使我们感兴趣的概念这里，我称它为简单性的认识论概念的时候。他继续说道："即使我们不能解释简单性在这里的真正意思是什么，我们仍然必须认识到这样的事实，任何科学家成功地用一个非常简单的公式（例如，一个线性的，二次的，或指数的函数）来描述一系列观察，他就马上确定，他已发现了一条定律。"

石里克讨论了用简单性概念来定义定律的规律性概念，特别是"定律"和"机遇"的区别。他含糊不清地排除了这个可能性，说道："简单性显然是一个完全相对和模糊的概念，它不能因此而得到因果性的严格定义，定律和机遇也不能准确地区别开。"从这一段话中，简单性概念可以完成什么就很清楚了：它必须提供一种事件的似律性或规律性程度的量度。费格尔说出了同样的看法，他说道："用简单性概念来定义规律性或似律性的程度。"

简单性的认识论理论在归纳逻辑理论里起着特殊的作用，

比如联系到"最简单曲线"问题。归纳逻辑的信仰者假设，我们通过概括特殊的观察到达自然律。如果我们设想在一系列观察中的各种结果，作为在一个坐标系统中标绘的点，那么定律的图形表示这将是一条通过所有这些点的曲线。定律不是单单由观察决定的，归纳逻辑也面临在所有这些可能的曲线中决定选择哪一条曲线的问题。

通常的回答是："选择最简单的曲线。"例如，维特根斯坦说："归纳过程在于发现可以使之和我们的经验相协调的最简单的定律。"在选择最简单的定律时，不言而喻地假定，比方说，线性函数比二次函数简单，圆比椭圆简单，等等。但是，没有给出任何理由，或说明选择这个特殊的简单性等级，而不是任何其他的等级，或说明相信"简单的"定律优于比较不简单的定律——除了美学的实用的理由以外，石里克和费格尔提到纳特金的一篇未出版的论文，按照石里克的叙述，纳特金建议称一条曲线比另一条更简单，如果它的平均曲率更小的话，或者按照费格尔的叙述，如果它偏离一条直线更小的话（这两种叙述是不等价的）。这个定义似乎和我们的直觉符合得相当好；但是，它没有抓住关键之处，例如，它使得双曲线的一部分（渐近线部分）比圆简单得多，等等。我不认为，问题能为这样的"技巧"（石里克这样称呼它们）所解决。而且，为什么我们应该给予简单性（如果用这个特殊方法来定义它）以优先权，这仍然是个谜。

讨论并否定了一个非常有趣地把简单性置于概率基础之上的尝试。"例如，假定同一函数$y=f(x)$的20对坐标值（x，y），落在一条直线上（在预期的精确度内）。我们可以推测，在这里面对一条严格的自然律，y线性依赖于x。由于直线的简单性，或者如果该定律是一条不同的定律，这20对任意选择的观察正好落在一条直线上，是极端不可行的。假如，现在我们用这条直线来进行内插和外推，我们会得到一种预见，然而，这个分析是可以批判的。总有可能来定义……会被这20对观察所满足的各种数学函数，而这些函数中的某些会偏离直线。对这些函数中的每一个，我们都可以说，除非它代表真的定律。这20对观察正好落在这条曲线上，是极端不可行的。因此，函数类，由于它的数学简单性，必定是先验地由数学提供给我们的，这毕竟是必不可少的。应该注意，这个函数项不必依赖于应满足的观察数一样多的参数"。外尔关于"函数类，由于它的数学简单性，必定是先验地由数学提供给我们的"这段话以及他提到的参数的数目，和我的观点是一致的。但是，外尔没有说"数学的简单性"是什么，而且，最重要的，他没有说较简单的定律与较复杂的定律相比较，应该具有什么逻辑的或认识论的优点。

以上引证的几段话是很重要的，因为它们和我们现在的目的有关，这个目的是分析简单性的认识论概念。因为这个概念尚未精确地加以确定，所以，对有可能摈弃任何想通过其他办法使这个概念精确化的尝试（比如我的尝试）说：理论家对认识论感兴趣的这个简单性概念，实际上是一个完全不同的概念。对于这种反对意见，我可以这样回答：我不赋予"简单性"这个词丝毫重要性。这个术语不是我介绍的，我也知道它的缺点。我所要说的只是如我的引证所表明的，我要澄清的这个简单性概念帮助我们回答的问题，也就是科学哲学家常常提出的与他们的"简单性问题"相联系的问题。

3.简单性和可证伪度

只要我们把简单性这个概念等同于可证伪度，与简单性概念相联系而产生的认识论问题都可得到解答。这个判断可能遭到反对，所以我首先试图使它直觉上更容易接受。

我已经表明，低维理论比高维理论更易于证伪。例如，具有一次函数形式的定律比用二次函数表示的定律更易于证伪。但是后者在代数函数的数学形式定律中间，仍然属于最可证伪的定律之列。这一点和石里克对简单性的评论完全一致："我们当然应该倾向于认为一次函数比二次函数简单，虽然后者无疑地也描述一条很好的定律……"

我们已经看到，理论的普遍性、精确性和它的可证伪度一起增加。因此，我们也许可以把理论的严格程度——可以说理论把定律的严谨性加于自然的程度。这等同于它的可证伪度。这一点表明，可证伪度正是石里克和费格尔所期望简单性概念做的事情。我还可以说，石里克希望在定律和机遇之间有所区别，也可以通过可证伪度概念弄清楚。关于机遇特征的序列的概率表明，证明具有无限的维，不是简单的，而是复杂的，在特殊的保证条件下才是可证伪的。

可检验度的比较在之前的内容里详细地讨论过。前面提供的某些例子和其他细节可以容易地用到简单性的问题上来。这一点特别适用于理论的普遍性，一个比较普遍的陈述可以代替许多较不普遍的陈述，并由于这个理由时常被认为"相对简单"。理论的维的概念是使得外尔的用参量的数目来确定简单性概念的思想更精确化了。通过我们在理论的维的形式的减少和内容的减少之间所做的区别,可以解决对外尔理论的某些可能的反对意见。这些反对意见之一是,轴比和偏心率数值给定的椭圆集显然不是那么"简单的",它具有和圆集正好一样多的参数。

最重要的是,我们解释了为什么简单性是如此合乎需要。为了理解这一点,我们不需要假定"思维经济原理"或者任何原理。假如知识是我们的目的,简单的陈述就比不那么简单的陈述得到更高的评价,因为它们告诉我们更多,比如它们的经验内容更多,它们更可以被检验。

4.几何形状和函数形式

关于简单性概念的观点使我们能够解决一些矛盾,但直到现在这些矛盾是否对这个概念产生任何作用成为疑问。

很少人会认为,对数曲线的几何形状是特别简单的,但是由对数函数表示的定律常常被认为是一个简单的定律。同样,一个正弦函数通常被说成是简单的,即使正弦曲线的几何形状也许不是很简单的。

假设我们记住在参数数目和可证伪度之间的联系,又在维的形式减少和内容减少之间加以区别,像这样的困难可以得到解决。(我们也必须记住对于坐标系统的变换的不变性的作用)我们说到如果一条曲线的几何形式或形状,那么对于所有归属位移群的变换的不变性,我们还可以要求对相似变换的不变性,因为我们并不想把几何图形或形状和一定的位置联系起来。一方面,如果我们把一条单参数对数曲线($y = \log ax$)的形状视为置于一个平面的任何地方,那么它就有五个参数(假如我们允许变换)。因此,它就完全不是一个特别简单的曲线。另一方面，如果用一条对数曲线来表示一个理论或定律，那么描述过的坐标变换是无关的。在这种情况下，旋转、平移或进行相似变换，都是没有意义的。因为一条对数曲线通常是用一种坐标不能互变的图形表示，例如，x轴可以表示大气压力，y轴表示海拔高度。正是这个理由，相似变换在这里同样没有任何意义。类似的考虑适用于沿着一根特殊的轴，例如时间轴的正弦振荡。还有许多其他情况都是如此。

5.欧几里得几何学的简单性

在相对论的大部分讨论中起着主要作用的问题之一，是欧几里得几何学的简单性。没有人怀疑过，欧几里得几何学本身是比任何有一定曲率的非欧几何学更简单些——更不用说随着地方而变化的曲率的非几何学了。

让我们考虑什么实验可以帮助我们验证这样的假说："在我们的世界里，必须运用具有某一曲率半径的一种度量几何学。"当我们把一定的几何学实体和一定的物理客体——例如直线和光线、点和几根线的交点——等同起来时，检验才是可能的。那么我们可以看出，欧几里得光线几何学的正确性假说的可证伪度，比任何断言某种非欧几里得几何学的正确性与前者相匹敌的假说的可证伪度高。几何学的假说是和任何不超过180度的特定测量相容的。而且，为了伪证这个假说，不仅要测量角度之和，而且还要测量三角形的（绝对）大小。这意味着，在角度之外，必须再定义一个测量单位，例如面积单位。

6.约定主义和简单性概念

约定主义者所提到的"简单性"并不与我所说的"简单性"对应。任何一种理论都不是为经验所毫不含糊地决定的，这是约定主义者的核心思想，也是他们的出发点，这一点我同意。但是，由于约定主义者并不把他们的理论当作可证伪的系统，而是当作约定的规定，显然他们认为"简单性"的意义是不同于可证伪度的。

约定主义者关于简单性概念证明确实是部分的美学的和部分的实用。因此，下列石里克的评论适用于约定主义者的简单性概念，而不适用于我所说的："人们只能用约定来定义简单性概念，这约定必定总是任意的，这一点是确定无疑的"，奇怪的是，约定主义者自己看不到他们自己的基本概念——简单性概念的约定性质。他们却忽略了这一点，这是明显的，因为他们本来会注意到，一旦他们已选择了任意约定的方法，他们求助于简单性绝不可能使他们避免任意性。

假如有人按照约定主义者的做法，坚持某一系统是一个永远确立了的系统，每当它处于危险之中时，他就决意引入辅助假说去挽救它，那么这个系统是最复杂的。所以，这样保护起来的系统的可证伪度等于零。这样我们就被我们的简单性概念带回到之前的方法论规则，特别是也带回到限制我们过度使用特设性假说和辅助假说的规则或原理：使用假说的节约原理。

最后我应该进一步强调两点：①我们可以在可检验性方面比较理论，仅当在这些理论应该解决的问题中，至少有一些是重合的；②不能用这种方法进行比较特设性假说。

第三节　知识进化论

接下来我要提出关于"知识进化论"的理论，这也是"证伪主义"体系的重要组成部分。

如果我们能够对世界上的问题的发现、求解和发展进行总结，并且站在哲学的角度上看待问题，那么，知识的发生、发展就如同生物的变异和进化一般，具有了历史性、继承性、可持续性和螺旋发展性，这也是由波普尔提出的知识进化的思想。与达尔文的生物进化的思想相比，波普尔的知识进化的思想对人类认识世界、改造世界的作用显得同等重要。

$$P_1 \to \begin{matrix} \nearrow TT_1 \searrow \\ TT_2 \to EE \to P_2 \\ \searrow TT_n \nearrow \end{matrix} \qquad 公式（1）$$

$$P_1 \to \begin{matrix} \nearrow TT_a \to EE_a \to P_{2a} \\ TT_b \to EE_b \to P_{2b} \\ \searrow TT_n \to EE_n \to P_{2n} \end{matrix} \qquad 公式（2）$$

认识论是人类认识世界和改造世界的重大理论，它从侧面反映出来人类对世界改造速度和改造程度的差异，而这一切都会归于哲学自然辩证论的发展。知识进化论灵感来源于达尔文的进化论，就如同生物的进化一样，在我看来，知识也是一样可以进化。人类通过认识论，将达尔文生物进化思想以及知识进化的思想联系到一起，是人类对客观事物发挥自身主观能动性的表现。

如同生物进化的多样性、丰富性一样，现实中对某一问题的试探性解决，往往理论是很多的。于是，我进一步用公式（1）来完善；而公式（2）所提供的信息量就更大了，对于一个问题可以设想多个理论作尝试，并对它们作批判性的检验，就像生物丰富多样的进化之树一样。

这不仅适用于动物，也可以推广到科学家。科学认识论的试错法是生物试错法的发展。凡是生物都具有一种先天的适应环境的本能，这种本能就是试错法，它们会对外界刺激做出各种尝试性的变异，并通过生存竞争、自然选择筛选出最能适应环境的新物种，以体现生物进化的天生能力。

爱因斯坦的试错法是自觉的、有意识的、理性的，他对错误很感兴趣，是怀着在发现错误和排除错误的过程中学习和提高的愿望，有意识地去寻找自己的错误。在生物进化中不能很好地适应周围环境变化的动物必将灭亡，但是人类的科学发展则常常以不适应的理论的灭亡来代替我们自身的消亡，这是生物世界适应性进化的一个巨大进步。①

他指出对环境的适应性应分为三个层次：基因的适应性、适应性行为学习和科学发现。这三个层次的适应机制基本上是

---

① 宗惠. 波普尔知识进化论述评[D]. 长春：吉林大学，2005.

一样的。基因适应的传递性是通过遗传，而在科学层次上则是占统治地位的猜测或理论。

他还提出了"指令"一词来表达广义上的"遗传"的含义。指令是从内部结构中发生的，而不是外部，不是环境，并且它至少部分地是随机产生和改变的。如果出现突变、变异，那么它们就是新指令。新指令也是起源于个体的内部结构。正是因为这种多样性的试探性解决或变异，所以才需要通过选择来淘汰不适的变异。只有适应性较强的试验指令才能生存并遗传下去。[1]

---

[1] 见波普尔.《关于真理和知识增长的几点评论》，1962年，英文版。

第四节 证伪主义的发展

波普尔的"证伪主义"哲学在20世纪70年代得到了新的发展：波普尔的学生拉卡托斯将自己发展的"证伪主义"的理论——科学研究纲领理论称为精致的证伪主义。

伊姆雷·拉卡托斯是英籍匈牙利著名科学哲学家，20世纪70年代，为了对科学的发展给予合理的说明和对科学的进步给予启发性的方法论指引，他提出了以"硬核—保护带"为特征的科学研究纲领。

一、拉卡托斯的科学研究纲领理论的提出背景

20世纪60年代西方科学哲学的历史主义学派产生以后，科学哲学领域出现了科学观上的分歧。从逻辑经验主义看，他们受到了严重的批判，但其坚持认为科学的增长是真知识增长的观点并逐渐修正，变得宽容和灵活，以保持主体派别地位。从批判理性主义看，他们虽得到科学家的赞许，但否证主义奇特的科学观和科学划界方法依然使人们费解，而且遭遇越来越多的困难。在历史主义看来，他们以科学整体性视角提出了一些表征理论能动性的科学进步新特征，引起了科学界和哲学界

的关注，但其心理主义和相对主义使人们担忧。特别是费耶阿本德"怎么都行"的极端化观点更是引起了科学哲学界的深深忧虑。基于此，新历史主义科学哲学应运而生，并开始着手对科学哲学的发展进行一定的总结和批判，其代表人物是拉卡托斯。拉卡托斯认为，波普尔和库恩对逻辑经验主义的批评是精彩的，但是他们建立的理论和研究方法都存在着缺陷和不足，他决定提出一种新的科学哲学理论和科学观。

在认识论上，他既肯定波普尔的批判理性主义的基本思想，又反对波普尔的"素朴的"过分简单化的证伪主义，拉卡托斯认为这种证伪主义的主要缺点在于，一是只看到理论与经验两者的关系，而没有充分考虑到并存的各种理论之间的相互竞争；二是低估了理论的"韧性"，认为理论一旦被反驳，就毫不留情地被抛弃。他指出，科学哲学的研究对象应面向科学理论和科学研究系统，而不是仅仅指向孤立的单个理论或命题。

只有做到这样，才能更好地理解和阐明科学理论的坚韧性和科学发展的继承性等方面的问题。他认为："当我们的许多科学知识的范例只是一个孤立的理论，如所有天鹅是白的，并把它孤立地纳入一个研究中去时，就很难正确地理解科学的生长"，"只有把科学解释为研究纲领的场而不是孤立理论的场时，科学的连续性和理论的坚韧性等问题才能得到解释"。拉卡托斯承认自己关于科学哲学的思想受到了库恩的"范式"思想的启发，因而他的科学研究纲领理论中的"硬核"与库恩的"范式"非常相似。两者之间的共同点在于，它们都在整个理论系统中起决定性作用。但是两者之间也并非毫无区别，这主要体现在内容的庞杂性上，库恩的"范式"内容远远超过了拉卡托斯的"硬核"内容。这是因为，"范式"内容不仅包括基本理论，还涵盖了与之相关的基本观点、基本方法和规则、仪器等。同时，"范式"表征了一种心理信念，这一点不能为拉卡托斯所接受，在他看来，纲领"硬核"不应该是心理主义意义上的，更多的是代表理性的产物。

二、拉卡托斯科学研究纲领理论的核心观点

1."硬核"理论

拉卡托斯科学研究纲领是一个大的理论体系，这个理论体系由"硬核"和"保护带"两部分组成。"硬核"部分由概念和定律组成，这些概念和定律当属理论体系中最重要的部分。比如经典力学理论体系的"硬核"就是牛顿三大运动定律和万有引力定律。理论体系的"硬核"是不容反驳的，因为它们构成了科学研究纲领的基础理论和核心，它们与理论体系一损俱损。他认为，"地心说就是托勒密天文理论系统的硬核，牛顿动力学定律和万有引力定律就是牛顿理论系统的硬核，它们都是不容反驳或否定的；如果它们被反驳而被否定了，那么整个托勒密天体学理论系统或整个牛顿力学理论系统的大厦就会倒塌。"

2."保护带"理论

所谓的"保护带"，实质上是一些辅助假说，这些假说围绕在"硬核"的周围。他们无时无刻地不在保护着"硬核"，竭力不让"硬核"遭到经验事实的反驳和推翻。如前例，经典力学理论体系中有关太阳系行星的数量和质量等数据就是"保护带"，当太阳系天体运行与诸如万有引力定律出现矛盾时，

这些数据"保护带"就会挺身而出，以修正自身的姿态来保护"硬核"。他认为"我们必须建立一些辅助性假说"，"正是这种辅助性假说所构成的保护带，正是由于它们不得不首当其冲地遭受到经验的检验，而不断调整和再调整，甚至完全更换，硬核才得到保护而成为硬核"。

3.正面启发法和反面启发法

科学研究纲领具有正面启发法和反面启发法两种功能。正面启发法则是科学研究纲领可以主动地发现新的规律，解释新的现象。例如，从牛顿三大运动定律可以发展出固体力学和流体力学等，从而使得经典力学不断发展壮大。科学研究纲领有进步和退步之分：如果一个科学研究纲领能够不断地发现新的规律，预测现象，那么它就是进步的；如果科学研究纲领不断地受到反常的挑战，只能被动地修改保护带来应付，那么它就是退步的。反面启发法是通过增加修改保护带的假说，防止不利的观察实验直接针对硬核。他写道："纲领的反面启示法禁止我们把经验反驳的矛头指向硬核，反之，大家必须发挥聪明才智，坚定不移地捍卫这个硬核。"

在拉卡托斯看来，科学的发展实际上是进步的，进化的科学研究纲领替代退化的科学研究纲领，同时蕴含着一个新的科学发展模式，这个模式大体可以被公式化：科学研究纲领的进化阶段→科学研究纲领的退化阶段→新的进化的研究纲领取代退化的研究纲领→新的研究纲领的进化阶段。

4.科学研究纲领的进化和退化标准

在拉卡托斯看来，经验内容增加与否可以成为评价一个科学研究纲领是进化还是退化的客观标准。也就是说，如果一个科学研究纲领经过调整它的辅助性假设即"保护带"后，它的经验内容得以增加，或者对经验事实做更多的解释，那它就是进步的纲领，反之则相反。他认为，"我们以问题转换的进步程度，以一系列理论能引导我们发现新事实的程度来衡量进步的"。拉卡托斯理解的科学研究纲领的进步可以划分为两种，一种是理论上的进步，另一种是经验上的进步。理论上的进步指的就是，科学研究纲领经过调整其辅助性假设即"保护带"后，其经验内容得以增加，或者对经验事实做更多的解释。他认为，"如果这些超过前一个理论的经验内容是确实的，即每一个预言不仅在理论上，而且在实际上导致我们发现了新的事实。那么它就不仅在理论上，而且在经验上也是进步的。"评价一个科学研究纲领是不是成功的研究纲领，该从两个方面来考量，即是否在理论上和经验上都做出进步的问题转换。即"为了保护硬核，辅助性假设经过调整再调整以至完全更换后，如果导致了进步的问题转换，那么这个研究纲领就是成功的；相反，如果导致了退化的问题转换，那么它就是不成功的。"

拉卡托斯"精致的证伪主义"形成了一个科学发展的动态模式——研究纲领的成长。当研究纲领与某些事实不一致时，科学家不应急于抛弃纲领，而是通过调整辅助性假设消除反常。一个新的研究纲领内部也可能是自相矛盾的，同样需要通过调整，如果调整后经验内容增加，并提高了预见性，它就是一个进步的研究纲领；但是任何研究纲领都会退化，如果调整后经验内容减少或不能预见新的事实，那么它就是一个退化的研究纲领。科学的发展过程就是一个新的进步的研究纲领不断取代陈旧的退化了的研究纲领的过程。拉卡托斯认为，研究纲领的进步性是科学的划界标准。但他又认为一个研究纲领是否真正退化，人们往往只能在事后得知。

拉卡托斯的科学哲学是从波普尔哲学内部直接演化出来的。他从波普尔的基本立场出发，吸收其合理因素并博采库恩学说之长处，建立了以"科学研究纲领"为核心的科学发展动态模式。拉卡托斯认为，波普尔的素朴证伪主义并没有解决好科学与伪科学的划界问题，也没有解决好如何判断科学理论的进步问题。这主要是因为波普尔的模式与科学史的实际情况不一致，他忽视了科学理论有明显的抵抗证伪的坚韧性，科学家们也并不轻易地由证伪经验来决定理论的取舍。拉卡托斯认为，"只要我们把常规科学的'教条主义'同波普尔学派的这个认识结合起来，有好的、进步的常规科学，也有坏的、退化的常规科学，并且只要我们保持这个决心：在一定的客观的、明确的情况下把某些理论淘汰掉，常规科学的教条主义就不会妨碍科学的发展。"考虑到科学史上科学名流的这些基本价值判断都与波普尔的方法论相冲突，拉卡托斯认为，其证伪主义能够指导科学史合理重建的程度是极小的，这样，素朴证伪主义就在编史论的高度上被"证伪"了。拉卡托斯认为，按照这一新的标准，就可以对波普尔的方法论做出建设性的批评。按照拉卡托斯的这一看法，当出现了一个比科学研究纲领方法论更好，更能说明问题的方法论时，它就理应取代拉卡托斯的方法论。拉卡托斯认为编纂科学史要以科学哲学为指导，科学家必然受某种方法论的支配，这一观点有合理之处。我们认为哲学是人们的世界观和方法论，人们的一切行为都要受它的支配。特别是自然科学家，无论他们本人是否意识到，都在自觉地或不自觉地接受某种方法论的指导。但是，拉卡托斯在强调科学史要受方法论支配的同时，走向了另一个极端。他认为在科学中有一种单一的超时间的正确的方法论，科学哲学的任务就是要揭示出这种方法论，这是一种先验论。另外，他认为没有理论偏见的历史是没有的，但同时他又认为方法论可以受"实际历史"的检验。这就是说，有一种实际历史是不受方法论支配的，这就导致了自相矛盾。

　　但哲学的领域或许并不存在真正意义的更好或者更优秀，拉卡托斯提出了一种新的科学发展模式，但这种模式和波普尔的证伪主义代表的问题模式并不存在谁优谁劣，都是哲学家对于世界的一种见解和思考。

第三讲
波普尔的"历史主义"

第一节 对古典历史主义的反思

第二节 对柏拉图的思考

第三节 对德国古典哲学的反思

第四节 对随机性的反驳

第五节 对历史主义发展的思考

第一节　对古典历史主义的反思

第一位提出历史主义学说的希腊人是赫西奥德，他对历史的解释是悲观主义的。波普尔相信人类在历史发展过程中，在物质和道德这两方面会逐渐退化。早期希腊哲学家提出各种历史主义观念，其高潮随着柏拉图的出现而到来，波普尔在解释希腊各部落，尤其是对雅典人的历史和社会生活的研究，为世界描绘了一幅宏伟壮观的哲学图景。在其历史主义中，他受到各位先驱，特别是赫西奥德的强烈影响，但最重要的影响却是来自赫拉克利特。[①]

赫拉克利特提出的观点是大厦、稳定结构和宇宙根本就存在。赫拉克利特的格言之一是，"宇宙充其量像胡乱堆放的垃圾堆"。赫拉克利特的理论在很长一段时间里影响了希腊哲学的发展。巴门尼德、德谟克利特、柏拉图等人的哲学观点全都可以被恰如其分地描述赫拉克利特是第一位不仅论述"自然"，而且更多地论述伦理-政治问题的哲学家，他生活在一个社会革命的时代。正是在他的时代，希腊的部落贵族开始让

---

① 波普尔.开放社会及其敌人（全二卷）[M].陆衡等，译.北京：中国社会科学出版社，1999.

位于新的民主势力。①

万事万物的转瞬即逝给赫拉克利特留下深刻的印象。他的变化论表达了这一感觉:"万物皆流。"他说:"人不能两次踏入同一条河流。"

关于变化,特别是社会生活变化的一种强调,不仅是赫拉克利特哲学的一个重要特征,而且是历史主义者普遍具有的一个重要特征。但赫拉克利特哲学表明了历史主义的一个特征,即对变化的过分强调,与对一种不可更易、永远不变的命运法则的信仰,彼此相互共存,相互补充。

赫拉克利特强调变化使他得出这种理论,一切物质实体,无论是固体、液体还是气体,都如同火焰。它们都是火的变形,外表呈固体的土不过是一团改变了形态的火,甚至液体(水、海)也是变形的火,因而其他所有"元素",例如土、水和空气都是变形的火。

赫拉克利特有关宇宙的变化和隐藏的命运的哲学具有较普遍的特征。从这种哲学中产生了一种有关一切变化背后的驱动力的理论,这个理论通过强调与"社会静力学"相对立的"社会动力学",显示其历史主义特征。赫拉克利特关于一般意义上的自然,特别是社会生活的动力学,进一步确认了这种观点,他的哲学受到他所经历的社会和政治动乱的激发。因为他声称冲突或战争是一切变化,特别是人们之间一切差别的动力和创造性源泉。而作为一个典型的历史主义者,他将历史审判当作道德审判来接受,因为他坚持主张战争的结果是公正的:

---

① 波普尔.开放社会及其敌人(全二卷)[M].陆衡等,译.北京:中国社会科学出版社,1999.

"战争是万物之父,也是万物之王。它证明这些是神,那些仅仅是人,让这些人变成奴隶,而让前者变成主人……人们必须晓得,战争是普遍的,正义即是冲突,万物通过冲突和必然性而生成。"

令人惊讶的是,从公元前一直流传至今的历史残篇中,竟然能找到如此之多的现代历史主义的特征。赫拉克利特是位有天赋和创造力的思想家,因此,他的观念有许多已成为哲学史上的一个重要组成部分。但除了这个事实,理论上的相似性或许可以在某种程度上通过相关时期社会条件的相似性加以解释。在社会大变革的时代里,各种历史主义很容易凸显出来,比如希腊部落生活。赫拉克利特的哲学思想表达了一种居无定所之感,这种感觉似乎是对古代部落形式社会生活的解体产生的典型回应。在近代欧洲,在工业革命期间,黑格尔从赫拉克利特的哲学思想中获益甚多,并把这些思想传播出去。

第二节　对柏拉图的思考

柏拉图生活在古希腊时期，战乱和政治冲突不断，这一时期甚至比赫拉克利特所处的那个时期还要动荡不安。在他成长期间，希腊人部落雅典发生暴政，从而导致民主制的建立。这个民主制竭力捍卫自身，提防任何僭主制或寡头制卷土重来，在他青年时期，雅典卷入一场反对斯巴达的生死之战，斯巴达一直保留着许多古代部落贵族制的法律和习俗。这场伯罗奔尼撒战争持续了18年之久，其间仅中断一次。

战争结束时柏拉图差不多24岁了。民主制与和平的重建并不意味着柏拉图的痛苦得到缓解。他的恩师苏格拉底被处以极刑，后来他成为对话的主要发言人。柏拉图本人似乎也身处危险之中，于是他决定和其他苏格拉底派的同胞一起离开了雅典。

传说柏拉图父亲的家族可溯源到阿提卡最后一个部落王科德鲁斯。柏拉图对他的母亲的家族颇为自豪，这在他的对话（《卡尔米德篇》和《蒂迈欧篇》）中的说明可以看出，他母亲的家族与雅典立法者梭伦的家族有关。他的舅父，三十僭主的领袖人物克里底亚和卡尔米德，也属于他母亲的家族。由于这样的家族传统，柏拉图理所当然地对公共事务甚为关注；而事实上，他的大多数著作都是对其期望的满足。

在柏拉图看来，基本的历史法则是宇宙法则，是对所有被创造物或生成物都适用的法则的一部分。一切流变物，一切生成物注定要退化。和赫拉克利特一样，柏拉图清醒地意识到在历史上发挥作用的力量是宇宙力量。

然而，几乎可以肯定的是，柏拉图相信这个衰败法则并非全部实情。在赫拉克利特身上，我们已发现一种倾向，把发展法则设想为循环法则是按照决定季节循环交替的法则设想的。同样，在柏拉图的一些著作中，我们也能发现大年的说法，比如改进或生成时期，相当于春、夏两季；蜕化或衰亡时期，相当于秋、冬两季。根据柏拉图的对话中的一篇《政治家篇》，黄金时代即克罗诺斯时代，一个克罗诺斯本人统治世界，人们在地球上产生的时代。之后是我们自己的时代，即宙斯时代，这一时代中，众神抛弃了世界，无论世界如何独立运转，因而这个时代是一个日益衰败的时代。而且从《政治家篇》的叙述看出，在完全衰败到最低点之后，神将再度为宇宙这艘船掌舵，事情将开始改善。柏拉图在多大程度上相信《政治家篇》中的这个故事，人们尚不能确定。他相当清楚地表明自己不相信故事全然真实。另外，几乎毋庸置疑，他在宇宙背景中去想象历史，相信自己所处的时代是一个腐败深重的时代，先前的整个历史时期都受内在的衰败趋势支配，这一趋势是历史发展和宇宙发展二者共有的。他相信通过人为的，或更确切地说是超人的努力，我们有可能克服这个致命的历史趋势，终结衰败过程。

至少在柏拉图看来，政治腐败主要取决于道德退化（和知识贫乏），而道德退化则主要归咎于种族退化。正是通过这种方式，"衰败"这一普遍宇宙法则在人类事物中体现自身。

柏拉图认为，我们可能会违背必然进程的严格规律，并且由于阻止住一切变化而避免衰败。这表明他的历史主义倾向是有一定限度的。为了便于对这种彻底的历史主义的态度有较好的理解，并且分析柏拉图的信念中所固有的相反倾向，我将把我们在柏拉图身上所发现的历史主义同一种与此截然相反的态度加以对比，该种态度也是在柏拉图身上发现的，可以称为社会工程的态度。

历史主义者则认为，只有判定历史的未来进程，才能有明智的政治行动。然而，与历史主义者相反，社会工程师则认为，政治的科学基础将是完全不同的，它是按照我们的目标来创造和改变各种社会建构所必需的事实知识。

历史主义和社会工程这两种态度有时会出现特殊的结合。这种结合的最早也是最有影响的例子，就是柏拉图的社会政治哲学。这种结合是相当多的社会政治哲学家的代表，他们创造出所谓的乌托邦系统。所有这些系统都提倡某种社会工程，要求采取某种建构手段来达到他们的目的，但那些手段并不总是切合实际的。

然而，当我们考察这些目的时，往往发现它们取决于历史主义。尤其是，柏拉图的政治目的在很大程度上取决于他的历史主义学说。

柏拉图在他晚年的对话录之一《蒂迈欧篇》中，把一种可感知事物的形式或理念同子女的父亲相比。对话录和他的许多较早的著作十分相似，并对此给予相当多的解释。但是，在《蒂迈欧篇》中，柏拉图比他先前的著作跨越了一步，因为他以一种微笑来说明形式或理念与时空世界的联系。他把可感知事物在其中运动的那个抽象"空间"描述为具体的一个容器，并把它比作事物的母亲，并且在时间的起点上，形式在这个窗口中把可感知事物创造出来，给纯粹的空间打上形式的印记，从而给予这些被创造出来的事物以形状。

如果把柏拉图的形式论（或理念论）和古希腊的一些宗教信仰加以比较，对理解他这个学说可能会有所帮助。在许多原始的宗教中，至少在一些希腊社会中，诸神不过是理想化的部落的祖先和英雄部落的"品质"或"完善"的人格化。于是，一些部落和家族把他们的祖光追溯到某个神。要知道这些神与凡人之间的关系如同柏拉图的形式或理念与摹本（可感知事物）之间的关系，那么，我们只需想到这些神是不朽的、永恒的，而且是完善的，或者几乎如此，而凡人则不免处在万物流变之中。希腊人把许多神奉为各个部落或家族的祖先，而理念论则要求人的形式或理念必须只有一个。形式学说的一个核心观点，是认为事物的每一个"种"或"类"只有一个形式。形式的单一性相应于祖先的单一性，这是这个学说的必要因素，因为要履行它最重要的功能，即解释可感知事物的相似性，这就是说类似的事物是一个形式的摹本或复制。如果有两个等同的或相似的形式，它们的相似性就迫使我们设想这二者是第三个原型的摹本，于是第三个原型成为唯一真实的独一形式了。

正如柏拉图在《蒂迈欧篇》中所说："这样，相似性就得更精确地不再解释为这二者之间的相似,而要以另一个更高级的东西为准,其余二者只是它的副本。"在早于《蒂迈欧篇》的《理想国》中,柏拉图更加明确地表明了他的观点。他以"本质的床",即床的形式或理念为例来说明:"神……造了一张本质的床,而且只造一张;没有造两张或两张以上,永远也不会……因为……假使神造了两张床,而且只造了两张床,那么就会出现另一张床,即那两张床所显示的形式;于是,这张床而不是那两张床就是本质的床了。"

这表明,形式或理念不仅给柏拉图提供了在时间和空间中的各种发展的起源或始点,而且给他提供了对同类事物之间的相似性的解释。

如果万物是在不停的流变之中,那么,关于这些事物,就不可能做出肯定的描述。我们对它们不能有任何真实的知识,充其量只有模糊的和虚假的"意见"。作为柏拉图的先辈之一并对柏拉图有很大影响的巴门尼德曾教导说,与经验的虚假意见相反,纯粹的理性知识只能以不变世界作为它的对象,而且纯粹的理性知识事实上已揭开了这个世界。但是,巴门尼德认为他在可消灭的万物世界的背后已发现了不变的和不可分的实在,它与我们生死于其中的这个世界不相干,所以它不能解释这个世界。

柏拉图想揭开它衰败的秘密,揭开它的剧烈变化的不幸的秘密。他希望能够发现拯救它的方法。巴门尼德认为,在他所经受的这个令人迷惘的世界背后有一个不变的、真实的、实实在在的、完善的世界,这个学说给柏拉图以深刻的印象。但巴门尼德的这个说法并不解决他的问题,因为它和可感知事物的世界不相干。柏拉图的目的在于发现政治和统治艺术的秘密。

格拉底对伦理问题很感兴趣,他找了各种各样的人,要他们对自己的行为原则加以解释。他常常向他们提问,但对他们的回答不轻易表达是否满意。他所得到的回答是我们以一定的方式行事乃是因为如此行事是"明智的""有效的""正当的""虔诚的"等等,这一切是促使他接着提问:什么是明智的、有效的、正当的或虔诚的呢?换句话说,这是引导他探讨某事的"品质"。他在讨论各种买卖和行业中所表现的智慧,以便发现在各种不同的和变化的"明智"行为方式中的共同东西,进而发现智慧究竟是什么,或智慧究竟是什么意思,或者(用亚里士多德的话来说)智慧的本质是什么。亚里士多德说,"苏格拉底当然应该找寻本质",即找寻一物的品质或理由,以及找寻这个词的真正的、不变的或本质的意义。"在这方面,他成为提出全称定义问题的第一人。"

苏格拉底对"正义""谦虚""虔诚"这些伦理学名词的讨论已恰当地被拿来同近代关于自由的讨论(例如穆勒),或对权威的讨论,或关于个人与社会的讨论(例如卡特林)相比较。我们没有必要做出假定,苏格拉底在寻求这些名词的不变的或本质的意义时,把这些名词人格化或把它们看作事物一样。亚里士多德的记载至少表明他没有这样做,而柏拉图把苏格拉底寻求意义、本质的方法发展为判定一物的真实本性或形式或理念的方法。柏拉图保留"赫拉克利特的学说,认为一切可感知事物永远都处在流变的状态中,并且认为对这些事物的认识是不存在的"。柏拉图在苏格拉底的方法中找到了克服这个困难的办法。尽管"对任何可感知事物不可能有定义,因为它们总是变化着的"，但可以有关于各类事物（可感知事物的品质）的定义和真知。亚里士多德说："如果知识或思想要有一个对象的话，那么，除了可感知的东西之外，必须有不变的东西。"他在记述柏拉图时说："对这另一种东西，柏拉图称为形式或理念，而可感知事物与它们不同，但都用形式来称谓。具有与某个形式或理念相同名称的许许多多事物因带有形式或理念而存在。"

亚里士多德的评述和柏拉图在《蒂迈欧篇》所提出的议论十分吻合。这表明柏拉图的根本问题在于发现一个科学的方法来研究可感知事物。于是，正如上面所说的，他要获得在某个方面与可感知事物相联系并能应用于它们的那种纯粹知识。关于形式或理念的知识能满足这个要求，因为形式与它的可感知事物有联系，就像父亲和他的未成年子女有联系一样。形式是可感知事物的代表。因此，在涉及流变世界的重大问题上，可以去请教它。

亚里士多德认为，柏拉图得出形式论或理念论的那些论点十分相似。唯一的区别在于：柏拉图（他不接受原子论，也不知道能量为何物）把他的学说也应用到物理学的领域里，甚至应用到整个世界。我们在这里表明一个事实：在社会科学中，关于柏拉图方法的讨论，即使在今天也是有意思的。

在讨论柏拉图的社会学之前，以及和他如何把他的方法论本质主义应用于该领域之前，我想表明，对柏拉图的评论只限于他的历史主义，限于他的"理想国"。因此，我们必须提醒读者，不要以为这是柏拉图全部哲学的表达，也不要以为这可以称为对柏拉图主义的"公正而正当"的评论。亚里士多德说:"我对历史主义的态度是公然敌对的,我深信历史主义是无用的,甚至比这更糟。因此,我对柏拉图主义的历史主义性质的论述怀有强烈批评态度。固然,我很敬佩柏拉图的哲学,即这绝不属于苏格拉底的那些部分,但现在我的任务并不包括称赞他的柏拉图政治哲学的极权主义倾向,这是我要加以分析和批判的。"

第三节 对德国古典哲学的反思

德国古典哲学确实是哲学史上令人眼花缭乱的珍珠，但作为现代历史主义的来源，德国古典哲学也有其局限性。从18世纪末至19世纪上半叶的德国哲学，康德是创始人，而黑格尔则是代表人物，费尔巴哈为最后的代表人物。德国古典哲学的主要成就是黑格尔辩证法的"合理核心"和费尔巴哈唯物主义的"基本核心"。

作为所有当代历史主义的根源，黑格尔是赫拉克利特、柏拉图和亚里士多德的直接追随者。黑格尔表现非常出色，作为逻辑的主人，从纯粹的形而上学的丝绸帽子改变兔子的真实材料，其强大的辩证法，就像一个微不足道的事情。因此，从柏拉图的《蒂迈欧篇》及其神秘数字开始，黑格尔纯粹是哲学的方法，同样地，他证明磁铁意味着增加铁的重量。

牛顿的惯性理论和重力理论相互矛盾，其中许多在我看来，它可以不被自然科学世界的人认真对待。他很快就发现，除了黑格尔的辩证法取而代之的是"缺乏正式逻辑"的神秘方法，没有什么可以这么休闲，没有什么可以使用这么便宜，没有丝毫的科学训练和知识，没有什么可以提供这样壮观的科学气氛。

　　黑格尔的成功是"不诚实"和"不负责任的时代",开始作为其不诚实的知识,后来作为其结果首先是不负责任的道德,力量是直到一个新的时代夸张的魔法和灵魂控制出现的。为了不让读者提前对黑格尔那些夸张而神秘的话来看起来太过分,我打算引用他的声音理论,特别是声和热之间的关系发现了一些令人惊讶的细节。我会尝试从黑格尔的"自然哲学"中翻译这个谚语,"声音是材料部分分离的特定状态的变化,否定的结果纯粹是一种抽象或一种想法的理想,所以变化本身直接取决于物质特有的存在,因此它是特殊重力内聚的真正理想,也就是说,热是物体的变暖,像物体的加热和物体的变暖,是与声音同时产生的热现象。"

　　问题来了,黑格尔欺骗自己,用自己的动词来催眠自己,或者他胆怯地欺骗和混淆别人。我相信答案是后者,特别是黑格尔写的一封信的内容。在这封信中,他在两年前在他的信中写道,黑格尔提到他的朋友谢林写了另一个"自然哲学":我有太多的事情要做。数学演算"化学"。黑格尔在这封信中吹嘘(但只是虚张声势),"让我这个无私的自然哲学,这个无理的哲学,是纯粹的幻想想法,甚至是愚蠢幻想的研究"。这是舍勒方法的一个非常总体的总结:也就是说,这是无耻的作弊的一个公平的总结。一旦黑格尔意识到,只要它传递到右边观众,这意味着成功,他会剽窃,或者匆忙地说滥用这种方法。

　　黑格尔的影响力,在道德和哲学以及社会政治学科方面都非常强大。特别是历史哲学家、政治哲学家和教育哲学家,仍然在很大程度上受到统治。

但与柏拉图不同的是，黑格尔认为，不断变化的世界的发展趋势是一种离开观念和衰落的方式。像亚里士多德一样，黑格尔认为总体趋势当然是这个想法：这是进步。尽管他和柏拉图认为"死亡的东西基本上是它的基础并产生了"，但与柏拉图相反，黑格尔甚至坚持认为本质正在发展。

为了获得同样的东西，柏拉图的创造性也不例外。但这种变化并不是衰变。黑格尔的本质和精神是像柏拉图的灵魂一样的自我运动。他们是自我发展的，是"明显的"和"自我创造的"。他们把自己推向亚里士多德的"目标"方向，或者像黑格尔所说的那样，走向"自我实现和实现目的"。这种发展的第一个原因或目的是黑格尔的"绝对观念"或"想法"。

和赫拉克利特一样，黑格尔认为对立的统一在"辩证"进程中起着重要的作用，所以我们可以将赫拉克利特概念中的两个与之相反的统一或相同，描述为黑格尔辩证法的主要思想。

在这一点上，这种哲学似乎就像一种容忍、体面和诚实的历史主义，虽然也许有点缺乏历史主义的独创性，叔本华也似乎没有理由将其描述为一个河流和湖泊的伎俩。但是，如果我们现在转而分析黑格尔的辩证法，这种表现就会改变。因为他提出的这种方法，康德曾试图表明所有这样的猜测在他的形而上学的理念攻击中是站不住脚的。

黑格尔从来没有试图反驳康德。他尊重康德的观点，并将其误解为自己的观点。这是康德的"辩证法"，也就是他的形而上学的攻击，为什么变成了黑格尔的"辩证法"。

康德认为，在休谟的影响下，纯粹是投机或理性的，一且冲入经验领域是无法测试的,那么这个可能就是矛盾或者是"反对"作为"纯幻想""废话""魔法阶段"的事物,以及"无效的专政""对所有事物的理解",他试图表明所有形而上学的判断或主题,如世界的开始,或者是上帝的存在,都有反驳的判断或反对的形式。他认为两者都可以从同一个前提中推断出来,在同样的"不言而喻"的范围内得以证明。

黑格尔主义的两个支柱中的另一个是辩证法的应用。像赫拉克利特、柏拉图、亚里士多德、卢梭和康德这些以往哲学的阴影和回声是迷宫。黑格尔的主要思想是来自赫拉克利特的对立统一理论。他说:"走向衰落的道路与下坡路相同。"随着同样的哲学的建立,黑格尔对抽象工作的分析越来越抽象。

关于平等与不平等的问题,黑格尔承认"公民在法律面前人人平等",其中包含了一个伟大的真理。但是,这只是一个同义词,是存在法律身份和依法治国的一般性陈述。但更具体地说,公民身份在法律面前是平等的,关键是他们只能在法律之外是平等的。在早年,他们在财产、年龄等方面是平等的,以便在法律面前平等对待。法律本身是不平等条件的先决条件。应该说,创造一个人实际上有一个很大的、具体的不平等,它是现代国家的形式已经有了巨大的发展和成熟。

我试图表现黑格尔的历史主义和现代极权主义哲学的特征。这个身份很少被很清楚地理解。黑格尔的历史主义成为知识分子界的流行语言,它成为他们强烈的敏感气氛的一部分。所以对许多人来说,它不是比他们呼吸的空气更为明显,而且令人惊讶的不诚实是不值得的。

在我看来,可以用叔本华的一句话来作为本章的结论:

"黑格尔不仅在哲学上,而且在德国文学的所有形式上都造成了一种破坏性的,或者更严格地说,是一种麻醉人的,也可以说是一种瘟疫般的影响。随时对这种影响进行有力的反击,是每个能够进行独立判断的人的责任。因为如果我们沉默,还有谁来说话呢!"[1]

---

[1] 波普尔. 历史决定论的贫困[M]. 邱仁宗,杜汝楫,译. 上海:上海人民出版社,2015.

第四节　对随机性的反驳

在反驳随机性之前，我们先要了解一下什么是随机性。

随机性是偶然性的一种形式，具有某一概率的事件集合中的各个事件所表现出来的不确定性。对于一个随机事件可以探讨其可能出现的概率，反映该事件发生的可能性的大小。

随机性的事件有以下一些特点：①事件可以在基本相同的条件下重复进行，如以同一门炮向同一目标多次射击。只有单一的偶然过程而无法判定它的可重复性则不称为随机事件。②在基本相同的条件下，某事件可能以多种方式表现出来，事先不能确定它以何种特定方式发生，如不论怎样控制炮的射击条件，在射击前都不能毫无误差地预测弹着点的位置。只有唯一可能性的过程不是随机事件。③事先可以预见该事件以各种方式出现的所有可能性，预见它以某种特定方式出现的概率，即在重复过程中出现的概率，如大量射击时炮弹的弹着点呈正态分布，每个弹着点在一定范围内有确定的概率。在重复发生时没有确定概率的现象不是同一过程的随机事件。

可是，现实中真的存在随机性和偶然性吗？

我们可以用概率统计来计算和描述事物，但这是建立在我们掌握的信息不够的情况下。如果我们控制所有相同的条件，同样的事物必然会有相同的结果。

我非常赞同爱因斯坦的一句名言"上帝不会掷骰子"，我们遇到很多表面上看似随机的事件背后，却往往有着深刻的"因"，就像这个世界遵循绝对的因果规律一样。

上帝不会掷骰子，掷骰子的是你的双手，你的双手的力道和骰子初始位置决定了骰子落在桌面上最后停下来的地方，还有塔的最终点数。而你的力道是由你大脑控制，而现代的生物学研究成果表明，大脑的活动也是有物质基础的，也正是大脑里的各种电信号和化学成分最终决定了你掷骰子的力道，所以掷骰子这样表面上看起来随机的事件也并不偶然。

而我在这一节中强调对随机性的反驳是为了更好地说明真正的历史观，我们的历史并不存在规律性，历史的发展绝不是一成不变地前进和进步，也不是螺旋式上升的过程，而是众多因素推动发展的过程。历史的未来没有人能够预测，也没有什么理论可以预言。我们人类确实走在科技发展、文明进步的康庄大道上，可是这个世界充满了各种各样的危险和未知的挑战，而人类自身也存在着异化的阻力。

你们也许觉得我在危言耸听，可是你们想想曾经陷入黑暗的中世纪，想想那些曾经创造埃及金字塔的埃及人，想想曾经称霸地球的恐龙，谁又能肯定历史会按照人类期许的那样一步步走下去。历史充满了太多的可能，这些可能不是源于随机性，而且来自我们人类的渺小和无知。我们不能预测的原因不是因为这个世界充满了随机，而是因为这个宇宙过于宏大，以至于无法考虑所有的因素和它们之间的作用，这样自然无法草率地定义历史的所谓规律性。

人类本身是无法得知或预测这个世界中的绝大部分事物的规律或本质,目前所拥有的对宇宙的认知范畴占整个宇宙的多少呢?

所谓随机事件,其实只是人类在为自己的无知找借口而已。

因此我将对随机从三个方面进行彻底的反驳。

1.对初始状态的反驳

我们在科学实验中总是强调着可重复的原则,可事实上,这个世界不存在两个完全相同的初始状态和初始条件。初始条件定义为:预先确定的,具有潜在辐射应急或已经发生应急的各种核电厂条件之一。它可以是超出技术规格书的连续的和可测量的性能参数,如已升高的反应堆冷却剂系统温度或者反应堆冷却剂水位下降。

你可能会反驳我的观点,比如实验里两杯清水,这样的条件不是算相同的吗?可你仔细想想,首先这两杯水里面的水肯定有着细微的不同,哪怕两个水分子之间的相对位置不同也会不同,而两个杯子本身的位置差异,以及杯子之间的细微差异等等,还有杯子离实验者的距离,这些都是不同的。因此,在科学试验中,很多随机性和概率的产生不是来自于随机本身,而是来自于一开始条件的差异。

而很多时候,这些所谓"偶然性"的出现,往往会引发一系列的科学研究,并且产生一系列新的理论和科学猜想。正如弗莱明发明的青霉素,他原本并没有想要在培养皿中培养青霉素素菌,只是培养皿意外地发霉而导致了他发现原本培养葡萄球菌菌落已经被溶解了。因此他发现青霉素素菌可以杀菌的效果。

当然也就只有这个培养皿不小心混入了霉菌，而他自己一开始也是认为相同的实验环境，可事实并不是如此。

2.对发生条件的反驳

在任何事件发展的过程中，都会受到不同的因素影响。比如你上街去买菜，这样的行为可能会受到天气影响、家人的话语、还有自己是否疲倦的因素的作用。很多条件可能并不明显，但却也影响着你做一件事的最终结果。

正如同美国气象学家爱德华·洛伦兹1963年在一篇提交纽约科学院的论文中提到的蝴蝶效应里描述的那样：分析了这个效应。一个气象学家提及，如果这个理论被证明正确，一只海鸥扇动翅膀足以永远改变天气变化。在以后的演讲和论文中他用了更加有诗意的蝴蝶。

对于这个效应最常见的阐述是：一只南美洲亚马孙河流域热带雨林中的蝴蝶，偶尔扇动几下翅膀，可以在两周以后引起美国得克萨斯州的一场龙卷风。其原因就是蝴蝶扇动翅膀的运动，导致其身边的空气系统发生变化，并产生微弱的气流，而微弱的气流的产生又会引起四周空气或其他系统产生相应的变化，由此引起一个连锁反应，最终导致其他系统的极大变化。他称之为混沌学。当然，"蝴蝶效应"主要还是关于混沌学的一个比喻，也是蝴蝶效应的真实反应。不起眼的一个小动作却能引起一连串的巨大反应。

这句话的来源，是这位气象学家制作了一个电脑程序，这个可以模拟气候的变化，并用图像来表示。最后他发现，图像是混沌的，而且十分像一只张开双翅的蝴蝶，因而他形象地将这一图形以"蝴蝶扇动翅膀"的方式进行阐释，于是便有了上述的说法。

蝴蝶效应通常用于天气、股票市场等在一定时段难以预测的比较复杂的系统中。此效应说明，事物发展的结果，对初始条件具有极为敏感的依赖性，初始条件的极小偏差，将会引起结果的极大差异。如果这个差异越来越大，那这个差距就会造成很大的破坏力。为什么天气或者是股票市场会有崩盘和不可预测的自然灾害。

在任何实验里，我们也无法保证一模一样的控制条件，因为哪怕实验者打了一个喷嚏或者多看了实验瓶一眼，都有可能对实验结果造成影响。当然，我的言论不是否认科学实验的作用，而是说明人类知识来源的不精确性。人类的知识一直建立在人类群体的信念之上，因为所有人类的观测和思考都有人类自身的局限，我们看到的宇宙不一定是一个真正的宇宙。事件条件和影响因素的复杂决定了看似随机性的产生。

3.对结果观测的反驳

对随机性的反驳不得不提到对结果观测的反驳，人类总是过于相信自己的感官和信念，却不知眼见也不一定为实，魔术可以当着你的面欺骗你，事件的结果也同样可以。你以为你看到了正确的结果，然后猜想出一个看似合理的原因。可是，实际上你看到的结果并不一定是你看到的样子。

正如科学家做过一个有趣的实验，同样的两杯水（姑且视作一样），一杯让实验者对着它微笑，而另一杯水让实验者用愤怒的眼神看着它。最后将这两杯水同时冷冻结晶，结果这两杯水最后结晶的形状是完全不同的。而这两杯水在结晶实验之前，在大多数人看来可能并无区别。

随机性的结果也是多样的，就像抛硬币虽然只有正反，但这只是我们只看到了它的正反，而实际上每次硬币落的位置却也是不一样的，而这些位置实际上也影响着我们重新拿起它的方式、角度和下一次抛起时的力量。所以，我不再讨论随机性这一伪概念，而是用我们人类所能达到的观测和手段去尽可能地探索，而不是用随机性的理论继续欺骗自己。

第五节　对历史主义发展的思考

在社会学领域，历史决定论强烈反对自然科学研究中的方法论，并声称物理学独有的某些方法不能应用于社会学。这些历史决定论者的理由是社会学和物理学之间存在深刻的差异。它告诉我们，自然法则或自然规律并不是在任何地方总是有效的。

历史决定论者认为，一方面物质世界是由整个不变的空间和连续的时间所主导的，而另一方面社会学法则或社会生活规律随着不同的地方和时代而变化。虽然历史决定论承认有许多典型的社会条件，可以看出，这些条件是经常发生的，但它否认社会生活中发现的规律与物质世界具有同等的性质。而且他们认为，历史的规律取决于文化差异。它们依赖于具体的历史情况。例如，人们谈到经济规律时不应不加限定，而应该说封建时期的经济规律，或早期工业时期的经济规律等等，总要提到所说的规律在其中起作用的那个历史时期。

接下来，我将在不同的论据层面上阐述对历史决定论的反驳。

1. 概括

在自然科学中，自然法则的一般可能性及其规律在于一般性质，它是通过观察和概括得到的。这个原则被认为在特定的空间和时间才是有效的，它是物理方法的基础。

但历史决定论坚持认为，这一原则在社会学中是无用的。类似的情况只发生在一个历史时期，它们永远不会因及时移动而不断发生。因此，社会上没有永久的同质性可以作为一种长期的泛化。事实上，因为我们不注意普通的自然规律，如下列真实命题：人类总是生活在集体中某物或某物的供应有限，而其他如供气是无限的，只有前者才具有市场价值或交换价值。

历史决定论常常忽视这一限制，试图总结社会同质性的方法，假设这些规律是永恒的，因而它是一种方法上天真的观点。社会科学可以采取物理学一般的学习方法，这会对儿童的社会学理论产生误解。这个理论会否认社会发展，否认社会永远是一个重要的变化。否认社会发展（如果有的话）会影响社会生活的基本规律。

历史决定论者经常强调，这些错误理论背后通常有理由。事实上，虚假的社会法的虚假法律很容易被滥用于这些目的。因为不愉快或不令人满意的事情是由同一自然法则决定的，所以必须被接受。例如，人们引用了经济学的"不可抗拒的法律"，对工资交易的法律干预是无效的。滥用持久性假设的另一个借口有助于产生不可避免的一般感觉，使得容易容忍不可避免的不开心而没有抗议。现在一切都会永远存在，试图影响事件的进程，甚至对它进行评估，这是荒谬的。人们不反对自然规律，企图推翻它们只能导致灾难。

历史决定论者反对这些观点，认为社会的同质性与自然科学有很大的不同。社会的统一在不同的历史时期发生变化。人的活动是改变他们的力量。因为社会的统一不是自然法则，而是人造的。虽然可以说依赖人类的本质，但是他们是这样的。因为人的本性有能力改变他们，也可以控制他们，所以人类可以使事情变得越来越好，积极的改革也不一定是无效的。

2. 实验

所谓实验，是人们为实现预定目的，在人工控制条件下，通过干预和控制科研对象而观察和探索科研对象有关规律和机制的一种研究方法。物理学使用的实验方法需要使用手动控制、人工隔离等干预，以确保类似条件的再现以及由此产生的某种效果。这种方法的基础显然是类似的事情发生在类似的地方。历史决定论者声称这种方法不适用于社会学。他认为即使适用，也是没有用的。因为，只有在一段时间内出现类似的条件时，任何实验结果仅具有非常有限的意义。此外，人工隔离只是排除了社会学中极其重要的因素。一些经济问题是个人和群体在经济中的相互作用造成的，《鲁滨孙漂流记》中的鲁滨孙和他孤立的个人经济永远不会成为这个经济的有价值的模式。

可事实并非如此，哪怕鲁滨孙和他孤立的个人经济同样是一个非常好的研究切入点，通过对比鲁滨孙的个人孤立经济和群体经济的差别，这样的控制变量的方法反而能够找到经济学中的各种影响因素，以及它们的具体作用。

而历史决定论者进一步认为，一个真正有价值的实验不存在。大规模的社会学实验在物理学上绝对不是实验性的。它们不是为了推动知识本身的发展，而是为了实现政治目的。本实验不再与外界孤立的实验室进行，相反，这个实验改变了社会条件。作为改变条件的第一个实验的结果，该实验将不会在完全相同的条件下重复。

然而，科学实验法作为社会学的重要方法，恰恰发挥了巨大作用，很多重要的社会学现象和实验都是在社会学的科学实验中发现的。

3. 新颖性

有个论据值得深思，历史决定论否认在完全相同条件下重复大规模社会实验的可能性，因为第二个实验的条件必须受到以前的实验的影响，这取决于以下思想：社会就像一个有机体，它有一个记忆，我们通常称之为历史。而他们得出了一个看似正确的结论：未来无法预测，研究历史规律没有意义。

在生物学中，我们可以谈论有机体的生命史，因为有机体受到过去事件的限制。如果这种事件反复发生，那么对于经验丰富的有机体来说，它们就具有传统的色彩，就不足为奇。然而，这就是为什么重复事件的经验不是原始事件的经验。根据历史决定论，这也适用于社会，因为社会也有经验：它也有它的历史。社会只能慢慢地从历史的重复中学习，但毫无疑问，它从它的过去中部分地学习它。否则，忠诚和怨恨、信任和不信任的传统，以及传统在社会生活中无法发挥重要作用。

在虚拟的现实世界中，不可能有一些真正的新东西。人们可以发明一种新的引擎，但是我们可以随时使用它作为重新组合的原始元素进行分析，新的物理学只是新的安排或新的组合。历史决定论坚持认为，新的社会是与生物一样新的社会。

一个内在的新的这是真的新的，不能归结为新的组合。这是因为在社会生活中、新安排中，同样的旧因素并不是真的一样的旧因素。在社会生活中，一切都不能完全重复，必须出现真正的新事物。历史决定论认为，考虑发展新的历史阶段或新的时期，这是重要的，每个阶段或时期本质上与任何其他阶段或时期不同。

历史决定论认为，没有比现实新时代更伟大的时刻。我们对物理新情况的解释是把它们当作原来因素的重组，但对于社会生活的极其重要方面，我们不能按照我们在物理学上的习惯，即使普通的物理方法也可以适用于社会，但永远不会适用于最重要的特征：社会分化分为不同的时期和新的情况，一旦了解了新的社会事物的意义，我们必须放弃通常使用的社会学问题的物理方法，将有助于我们了解社会发展问题。

4. 复杂性

诚然，历史是复杂的，每一个看似必然的历史结果都有一些偶然的因素的推动，而这些偶然的因素也存在其中必然的原因。但任何复杂的事物都是由简单的事物构成，而复杂的历史背后也存在着一个个隐藏其中的规律。

人们经常讨论的一个方面也是某些独特角色中的社会角色。另一方面是社会现象的复杂性。在物理学中，我们处理的主题要简单得多。然而，我们必须使用实验隔离方法来手动简化问题。这种方法有时或许不能适用于社会学，所以我们面临着复杂性的问题。

孤立的复杂性不能实现，而且社会生活基于个人精神生活的事实的复杂性是属于自然现象的状况，心理学和生物学的条件，生物学和化学、物理的条件。这一事实清楚地表明，涉及社会生活的因素极为复杂。即使物理学领域的同质性存在着社会学的同质性，因为这些复杂性，我们完全不能找到它们。如果我们找不到，那就没有必要认为它们还存在。

5. 预测的误差

在讨论历史决定论的先验主义时，会显示历史决定论往往强调预测作为科学任务之一的重要性。然而，历史决定论认为，社会预测必须非常谨慎，复杂的社会结构由于预测和预测事件之间的相互关系，呈现出特殊的复杂性。

预测事件可能会受到影响这种说法是很古老的。传说中的俄狄浦斯杀害了他以前从未见过的父亲，直接导致了父亲放弃他的预言。因此，我建议预测对预测事件的影响被称为"俄狄浦斯效应"。这种效应可能导致预测事件，或者可以防止发生这种事件。

历史决定论者最近指出，这种影响可能与社会科学有关，这可能会增加准确预测和破坏客观性的难度。他们说：假设社会科学可以如此发达，以便对任何社会事实和事件做出准确的科学预测；但从这个假设可以得出荒谬的结论，所以根据纯粹的逻辑原因可以反驳这个假设。众所周知，一个新的社交日历是已知的，它肯定会导致中断预测行动。例如，假设人们预测股市看涨三天，然后看空。显然，与市场有关的每个人都将在第三天出售股票，导致股市在当天下跌，从而否定了预期。简而言之，精确而详细的社会活动日历是自相矛盾的：准确而详细的科学社会预测是不可能的。

6. 历史的不确定性

正是这种物理学背后的不确定性，或者说随机性导致了历史的不确定性，而这一点也是对历史决定论的反驳。历史只是过去，它并不能决定未来的走向。对于这一点，目前的科学成果和手段也许无法证明，可是如果历史只是沿着宿命的轨迹走下去，那么这个宇宙本身存在的意义也就变得狭隘了。

坚持不确定性是由于观察对象与观察对象之间的相互作用。这是可能的，因为它们都属于物质世界的相互作用和反映。正如玻尔所指出的那样，物理学就是这样，特别是在其他学科，特别是生物学和心理学方面。但是科学家和他们的对象属于同一个较大世界的事实并不在于社会科学，这导致社会科学的不确定性，这些有时是重要的现实意义。

在社会科学中，我们面对观察者和观察者之间，主体与对象之间的充分和复杂的相互作用。意识到产生未来事件的趋势，然后感知预测本身可能影响预测事件，这可能对预测内容产生负面影响；这可能严重损害预测的客观性和社会科学其他发现的客观性。

一个预测就是一种与其他社会事件相互作用的社会事件，其中包括与它所预测的社会事件的相互作用。正如我们已经看到的那样，它预测可以促使这个事件的发生；但不难看出，它也可以从其他方面影响这个事件。在极端的情况下，它甚至可以引起它所预测的事件。这是因为，如果没有预测该事件，也许它根本不会发生。

在其相反的极端情况下，对即将来临的事件的预测可导致防止该事件的发生。在这两种极端情况之间显然会有许多中间情况。预测某件事的行动，以及不去做出预测的行动，都会有种种后果。显然，社会科学家必须及时知道这些可能性。例如，一位社会科学家预测某件事，预知他的预测将引起它发生；或者他否认某种事件可以预期发生，从而阻碍它的发生。在这两种情况下，他也许都遵守科学客观性的原则，因为他的确说的都是实话。但是，尽管他说了实话，我们也不能说他遵守了科学客观性；因为在预报某事件将实现时，你可能是按照他个人的喜好来影响那些事件。

历史决定论者可能会承认这种情况是故意安排的，但他会坚持认为这种情况在社会科学几乎每一章都是显而易见的。科学家和社会生活观点之间的相互作用几乎不可避免地是由于我们不仅要考虑意见的真实性，还要考虑对未来发展的实际影响的情况。社会科学家可能试图找到真相，但同时他也必须对社会施加一定的影响，他的意见以及确实有效的事实正在摧毁他的意见的客观性。

到目前为止，我们都认为，社会科学家确实试图找到真相，纯粹是发现真相；但是决定性的历史学家将会指出，我们描述的情况对我们的假设是困难的。只要偏好和兴趣对科学理论和预测产生这样的影响，判断和避免偏见是有问题的。因此，并不奇怪，在社会科学中几乎没有客观和理想的追求与物理学中遇到的真相相似。我们必须期待社会科学试图找到社会生活的趋势，尝试寻找各种职位和兴趣。可以提出疑问，历史决定论的这个论证是否导致了在社会科学中取得成功的极端相对主义。政治上的成功是重要的，客观性和真理的理想是无法应用的。

为了证明这些论据，历史决定论者可以指出，只要在社会发展中有一些固有的趋势，我们就可以发现可以影响这种发展的社会学理论。因此，社会科学作为助产士来帮助创造新的社会时期，但是在保守派手中，它也可以用来阻止迫在眉睫的社会变革。

这种观点可以参考各种社会学理论和学校之间的联系以及它们所在的特定历史时期的共同的预测和看法，不应该将它与我所谓的"历史决定论"，或通过参考它们与政治、经济或阶级利益的联系，分析和澄清这些教义与学校之间的区别。

7. 整体性问题

大多数历史决定论者认为，自然科学方法不能适用于社会科学有更深刻的理由。他们认为，像所有的"生物"科学，就是生命科学，社会学研究不应该以原子主义的形式对待，而应该使用称之为"整体"的方法。因为社会学或社会群体的对象不能被视为仅仅是个人的收藏。

一个社会团体，不只是其成员的总和，也不仅仅是任何成员之间存在的个人关系的总和。即使在一个简单的三个成员组中，也很容易看到这一点，而由A和B组成的组织在性质上与同样数量的成员B和C是不同的。这可以表明一个群体有自己的历史，其结构在很大程度上取决于其历史。

如果一个组织失去了一些不那么重要的成员，那么它仍然可以很容易地保持其本质。甚至可以想象，即使一个组织的所有原始成员都被其他成员取代，它也可以保持其许多原始属性。但是，如果这些团体的成员现在不一一加入原来的组织，而是建立一个新的组织，他们可以建立一个非常不同的组织。

集团成员的个性可能对集团的历史和结构产生重大影响，但这并不妨碍集团拥有自己的历史和结构：它并不妨碍集团对其个性的强烈影响成员。

所有社会团体都有自己的传统，自己的建构，自己的仪式。历史决定论声称，如果我们理解和解释集团的现状，如果我们明白我们也可以预见到集团的未来发展，我们必须研究集团的历史，研究其传统和结构。

社会群体的整体性质说明了物理学中新事物的新决定论和差异在于社会生活中的新事物之间。如果社会结构一般不能被解释为它们的各个部分或元素的组合，很明显，不可能以这种方式来解释新的社会结构。

历史决定论认为，自然结构可以被解释为纯粹的"构象"，或仅仅是它们的部分和它们的几何构型之和。对其历史的研究很有趣，这项研究有助于说明其现状，但我们知道在某种意义上，这种状态与系统的历史无关。这个体系的结构，以及未来的运动和发展，完全取决于其成员目前的构想。

通过了解其成员在任何时候的相对位置、质量和势头，可以确定系统的未来运动。我们不必知道哪个行星是较老的，哪个行星是从太阳系外面进入系统。结构的历史可能是有趣的，但它并不能帮助我们了解它的运动，其机制和未来的发展。显然，自然结构与这方面的任何社会结构有很大的不同：即使我们在某种程度上对社会结构的"构想"有了很好的认识，如果我们不仔细研究历史，那么就不能了解也不能预测其未来。

这些观察结果强烈地表明，历史决定论与所谓的社会结构或有机理论的生物学理论密切相关。据说整体性确实具有一般生物现象的特征，而且在研究各种生物体的历史如何影响他们的行为时，整体方法被认为是不可或缺的。因此，历史决定论的整体论据往往强调社会群体与有机体之间的相似性，尽管它们不一定导致接受生物学理论的社会结构。同样，集体精神虽然本身不属于历史决定论，但与整体观念密切相关。

8. 直觉与灵感

到目前为止，我们主要讨论了社会生活的一些方面，如新颖性、复杂性、有机性、整体性，以及历史的分化。根据历史决定论，一些典型的物理方法不能应用于社会科学。因此，有必要采用适合社会研究历史的方法。我们必须直观地了解各种社会群体的历史，这是反自然主义观点的历史决定论的一部分。这种观点有时发展为与历史决定论密切相关的方法论学说，虽然这个教义并不总是与历史决定论相结合。

这时，直觉和灵感也同样重要，虽然它们不一定合乎逻辑，但他们在科学探索的过程中同样必不可少。而这种直觉与灵感也正是"宇宙随机性"的体现，正是这种随机性让世界丰富多彩，并且演变成现在的样子。

这种方法学原理认为，与自然科学方法相反，社会科学的独特方法是基于对社会现象的深入了解。经常强调以下对策和控制与这一教义有关。物理学的目的是解释因果关系，社会学的目的就是要理解意义的意义。在物理学中，帮助数学公式对事件进行严格的量化描述是有用的。社会学试图从自然界中了解历史发展，如冲突的倾向和目的，或者利用"国籍"或"时代精神"来理解历史的发展。正是由于这个原因，物理学可以实现普遍有效的同质性，特殊事件被解释为这种同质性的例子；社会学只能以直觉来理解兴趣、倾向与命运作特殊斗争中的独特事件和它们在特定情况下的角色。

我建议区分直观感知理论的三种不同变体。第一个变体表明，如果分析社会事件的力量，社会事件可以被知道，如果个人和群体是已知的，知道他们的目的或兴趣，以及他们拥有的实力。在这里，个人或团体的行为被理解为符合他们的目的，即扩大他们的实际兴趣或至少是他们的想象力的利益。在这里，社会学方法的使用被认为是有某种目的进行推测的理性或非理性活动。

第二个变体更进一步。它承认，这种分析是必要的，特别是在个人行动或集体活动的情况下。但它认为，要了解社会生活，这个分析是不够的。如果我们想知道一个社会事件的意义，例如政治行为的意义，那么单一的方式还不足以理解它是如何和为什么造成的。此外，我们必须了解其意义，即其发生的重要性。

"意义"和"重要性"在这里是什么意思？从我所说的第二种观点来看，答案是社会事件，有一定的作用：它不仅迟早导致其他事件，而且其外观本身也改变了许多其他事件的情况。这种社会事件造成了一种新的情况，其中所有对象和所有行为在该特定区域中重新定向和重新解释。但是，如果我们不分析这个行动的价值，就不能完全理解它的意义和重要性。总之，即使在发生任何进一步的身体变化或心理变化之前，整个社会情况都可能发生变化；因为有人注意到情况发生变化，可能会发生变化。为了了解社会生活，我们不能仅仅局限于对事实和结果的分析，也就是说，不仅可以分析反应的动机、利益和行为，而且我们必须明白，每个事件在整体上都起到一定的决定作用。这是因为它对整体的影响而获得其意义，所以其意义在某种程度上由整体来决定。

直观感知理论的第三个变体不仅完全认识到第一个和第二个变体所坚持的一切，而且更远，它认为为了理解社会事件的意义或重要性，以及事件的原因、结果和其他情况还不够。除了这样的分析之外，还要分析这一时期主导的根本客观历史趋势和趋势（如权力的上升和下降），并分析事件对历史进程的动力和这个历史过程为何推动这一趋势的出现。例如，为了充分了解德雷福斯的案例，除了分析其原因、结果和情况外，还要深入了解发展中的两种历史趋势中法国在斗争的表现。

直觉主义方法的第三个变体强调了历史趋势或趋势，认为从一个历史时期到另一个历史时期的类比推理应该在一定程度上引入。虽然它充分认识到各个历史时期都存在固有的差异，任何事件在另一个社会发展时期都不可能重复，但也可以承认，类似的趋势在不同的时期可能会有很大差异。有些人认为这是类似或类似于亚历山大的出现之前的希腊和俾斯麦出现之前的德国，在这种情况下，我们应该通过一些事件与早期的类似事件以评估他们的意义，以帮助我们预测新的发展。但不能忘记，必须充分考虑到两个时期之间的不可避免的差异。

因此，我们看到，了解社会事件意义的方式必须远远超出因果解释。它必须是整体性的，其目的必须是确定事件在复杂结构中的作用。整体性不仅包括当代部分，而且还包括短期发展阶段的时间。这可以解释为什么直觉主义方法的第三个变体通常使用生物与群体之间的类比，以及时代精神的概念被用作所有这些历史趋势或趋势的来源，具有如此重要的意义。

直觉的方法不仅与整体观念一致，而且与新奇的历史决定论也是一致的。因为新颖性不能给出因果解释或理性解释，而只能通过直觉掌握。当我们讨论历史决定论的悲观主义时，我们将看到泛自然主义理论与强调历史趋势或趋势的直观方法的第三种变体之间有着非常密切的联系。

9. 定量方法

在强调历史决定论者反对定量方法的同时，历史决定论者自己却常常通过这种方法来证明自己的观点。这些决定论者通常强调与直觉主义的观念有关。他们说，在物理学中，一方面，事件根据数学公式被严格和精确地解释。另一方面，社会学更多地从自然界学习历史的发展。

诚然，定量方法有很大的局限性，也经常因为使用者的目的而被处心积虑地篡改和片面引用。正如有人为了证明喝酒有害身体，他一定会去寻找喝酒导致身体损害的例证，而会忽略那些因为适量饮酒对血液循环有益的例证。

数学方法的适用性的论证绝对不是历史决定论者所独有的，事实上，这种做法有时被具有强烈的反历史决定论的人拒绝。但是对于定量方法和数学方法的一些最有说服力的论据就是我所说的历史决定论，这将在此讨论。

对于一些不同的观点，思考一些具体的历史决定论，也可以反对定量分析和数学处理的观点。

历史决定论者可以说我完全同意你的观点：社会科学的统计学方法与物理科学的数学之间的差距仍然很大。社会科学认为，并非任何东西都可以与数学公式所代表的因果关系的物理规律相比较。

例如，考虑到光通过的孔径越小，衍射角越大。这种形式的物理法则具有以下形式："在某些条件下，如果数量A以某种方式变化，那么数量B也以可预测的方式发生变化"。物理学以这种方式表达其所有的法则总是成功的。

为了实现这一点，其主要任务是将所有物理性质转化为数值。例如，必须使用某种光的定量描述而不是其定性描述，比如亮黄绿色。这个过程的物理性质的定量描述显然是用物理学先决条件的因果定律的定量表示。这使我们能够解释发生了什么事情，例如，根据关于孔宽度与衍射角度的关系的规律，可以基于孔的还原给出衍射角增大的因果解释。

简而言之，定量数学方法的历史决定论认为，社会学家的任务是对国家、经济制度或政治制度等历史过程中所经历的变化做出因果解释。既然没有已知的方法来定量表达这些实体的性质，就不能将其定义为定量法。因此，社会科学的因果定律即使是这样，与物理学的因果定律本质上是不同的，它们是定性的而不是数学的。如果社会学规律能够确定任何事情的程度，他们只能做一个粗略的估计。在自然界似乎只有直观的评价。所以我们在这里讨论的论据可以用来支持直观主义的观点。

10. 社会的本质

强调社会事件的性质，进一步产生表达问题性质的言语的作用，即导致所谓的"共同问题"。这是最古老和最根本的哲学问题之一。

在中世纪，在这个问题上进行了激烈的辩论，但它来自柏拉图和亚里士多德的哲学。人们通常把它看作纯粹的形而上学问题。但与大多数形而上学的问题一样，它也可以有新的参考，使其成为一个科学问题。我们只讨论这里的方法问题，但作为介绍，我将简要总结一下这个形而上学的问题。

每个学科都使用所谓的"能量""速度""碳""白""进化""正义""国家"和"人"等共同名词。这些名词不同于个人名词或个人概念，如"亚历山大大帝""哈雷彗星""第一次世界大战"等。

普通名词和一个专有名称之间的区别在于它取决于一个组的一部分或一类个人的东西，而不仅仅是一个单独的东西。例如，"白"这个普通名词被增加许多不同的名词，如雪、桌布、天鹅等等。这是理论学说的原则。这与传统的"现实主义"相反。"现实主义"是一个容易误导的名字，因为这种"现实主义"理论也被称为"理想主义"。所以我建议再次命名，这种反平等主义的理论叫作"本质论"。

本质主义者否认我们首先收集一套东西，然后称之为"白"。他们认为我们说每一个白色的对象都是"白色"，因为它和其他白色的东西一起有一种内在的特征，就是"白色"。这个以普通名词表达的特征，可以被看作是一个对象，是值得研究的个人观点。

本质主义不仅相信共存性的存在，而且强调其对科学的重要性。它指出，单个对象具有许多偶然的属性，但科学对这些属性不感兴趣。以社会科学为例：经济学涉及金钱和信贷，但不关心使用硬币、钞票或支票的形状。科学必须把这些意外事物当成事物的本质。任何东西的性质总是与普遍性有关的东西。

这些最后的话表明这种形而上学问题的一些程序性影响。然而，我现在讨论的方法问题其实可以考察这个形而上学的问题。我将沿着另一条道路探索它，避免普遍和分开的东西存在的方式以及它们之间的区别等等。

我建议这个称为方法学原理主义的哲学派是由亚里士多德创立的。他认为，科学研究必须深入到事物的本质上，才能对事物进行解释。方法论本质主义者倾向于通过"什么是事情""什么是权力"或"什么是正义"来提出科学问题。他们还认为，对这些问题的彻底回答并揭示了这些名词的真相或自然的本质，从而揭示了这些术语的真实性质，至少是科学研究的先决条件，如果不是其主要任务。

大多数人会认识到，方法上的平均主义在自然科学中获胜。物理学不寻求原子或光的本质，物理学非常灵活，通过使用这些术语来解释和描述一些实际的观察以及一些重要和复杂的自然结构的名称。生物学也是如此，哲学家可能会问生物学家回答诸如"什么是生命"的问题。或者"什么是进化论"，有时一些生物学家也愿意满足这些要求。然而，科学生物学一般是指对其他问题的研究，以及使用这些解释性和描述性方法的物理学。

历史决定论者可能与这个形而上学的问题有所不同，他们对自然科学方法论的观点是不同的，但只是在社会科学方法论方面。其实，所有的历史决定论者是抱以这样的态度。但是，值得考虑的是，它们是否只是历史决定论的一般反自然主义倾向？或者，历史决定论有什么特别的理由同意本质论的方法论吗？

很明显，反对社会科学中的定量方法的论据与这个问题有关。强调社会事件的本质，强调直觉和纯粹的描述，与态度的本质密切相关，但还有其他的论据。历史决定论的更典型的论据是读者现在所熟悉的论据。

历史决定论强调变革的重要性。即使没有变化的东西，我们也必须找到改变的东西，这在物理学上更容易。例如，所有变化的力学都是物体的运动，即物体的时间和空间变化。社会学主要关心各社会的建设，因此遇到了更多的困难，这些社会建设发生变化之后并不容易识别。在纯粹的描述性意义上，我们不可能将社会结构的建设和变革之后的变化视为相同的结构。

从描述的角度来看，它可能是完全不同的。举英国政府目前建设的自然描述的一个例子。他们可能不同于之前的表达方式。对于政府来说，我们可以说，尽管它发生了很大的变化，但是基本上是一样的。政府在现代社会中的功能本质上与当时执行的功能相似。虽然剩下的描述性属性很少相似，但是构造的本质特性被保留下来，我们可以把一个构造视为另外一个构造的变化形式。在社会科学中，当我们谈论变革或发展时，不可能假定存在一个常数，因此不能用方法本质论来研究。

当然，一些社会学术语，如抑郁、通货紧缩、通货膨胀等，最初是以纯粹的名义方式引入的。但他们也不会保留他们的名义主义。随着情况的变化，我们很快就发现，社会科学家对于某些现象是否是实际的通货膨胀问题有不同的看法，而且为了准确的考虑，有必要研究通货膨胀的本质。

所以，对于任何社会事物，胡塞尔说，"仅就其本质而论，它可以出现在任何其他地方，采取任何其他形式，它也可以有所改变而事实上又保持不变，或者虽说改变了，但改变的方式与实际变化不同"。有多少可能的变化，是不能先验地给予限定的。我们不能说某社会事物能有哪种变化而又能保持原状。从某种观点来看，有的现象可以在本质上是不同的，而从另一种观点来看，又可以在本质上是相同的。

本质可能是由于以下原因引起的，也就是说，因为它允许我们在改变事物中看到身份，而且还提出了一些非常有力的论据来支持社会科学必须运用历史方法的理论；即它支持历史决定论的学说。

虽然历史决定论本质上是反自然主义，但并不反对自然科学方法和社会科学方法共同的观点。这可能是因为历史决定论者普遍认为，物理学这样的社会学是知识分支，其目的是要达到理论和经验知识，我完全同意这个观点。

社会学是一门理论学科，这意味着社会学必须运用理论或找到一般的法律来解释和预测事件。社会学是一门经验学科，这意味着它得到经验的支持，它解释和预测的事件是可观察的事件，而观察是接受或拒绝提出的理论的基础。当我们谈到物理学的成功时，我们提到它能够预测成功，其预测的成功可以说是对物理学的认可。

当我们将社会学的相对成功与物理学的成功进行比较时，我们假设社会学的成功基本上是对预测的确认。因此，某些方法（通过定期预测以及遵守法律）在物理学和社会学方面都必须相同。

我完全同意这一观点，虽然我认为这是历史决定论的基本假设。但我不同意这一观点的进一步延伸，因为它引导了我下面将要描述的一些想法。乍一看，这些想法似乎是刚刚概述的总体观点的直接推论。但事实上，它们还包含其他假设，即历史决定论中的反自然主义理论，特别是历史法则或趋势学说。

第四讲
波普尔的社会学思想

第一节 社会的自主性原理
第二节 社会工程理念
第三节 知识社会学
第四节 理想的社会建构

第一节　社会的自主性原理

社会是由社会中的人所组成的，人的自由性决定了社会的自主性。而自主性是主体按自己意愿行事的动机、能力或特征，它是哲学、政治学、伦理学、法学等多个学科领域都涉及的一个论题，不同的领域都涉及同一个论题，不同的讨论领域赋予了这一论题不同的内涵。在社会学中，自主性有着重要的研究价值，它不仅仅决定着社会结构的分层、社会的演化，也推动着社会的变革。

马克思有一句格言，简要地阐述了他反对把一切社会生活的规律，最终归结为"人性"的心理学的规律——这种似是而非的理论："不是人们的意识决定人们的存在，相反，是社会存在决定人们的意识。"

作为一个基本的例证，我们应该解释婚姻在各种不同的文化中的广泛分布的问题，这些设计显然是用来防范近亲结婚的。穆勒及其心理主义的社会学流派，曾试图通过诉诸"人性"，例如某种对乱伦的本能厌恶，来解释这些规则，诸如此类，也只能是素朴的或普通的解释。然而，如果接受马克思所表达的观点，人们就会问，是否这种本能是教育的产物，是那些要求异族通婚和禁止乱伦的社会规则和传统的结果，而不是其原因。显然，这两种研究恰好与一个古老的问题相符合，社会是"自然的"，还是"约定俗成的"，这是件困难的事情。然而，通过实验是能够解决这种问题的，在类似的情况下表明，人类本能显然厌恶蛇。就这种厌恶不仅由人所展示，而且也由一切类人猿和大多数猴子所展示，本能有很大的相似性。然而，实验似乎表明，这种恐惧是约定俗成的。不仅在人类中，而且在动物中，本能似乎都是教育的产物，因为无论是婴儿还是小黑猩猩，如果没有教它们惧怕蛇的话，都不会表现这种本能。这个事例应该被看作一个警告。我们在此面临一种厌恶，它显然是普遍的，甚至是超乎人类的。虽然从某种习惯不具有普遍性这一事实出发，我们也许会反驳所谓习惯的存在是以本能为基础的，但我们还是明白，相反的论点当然是不正确的。一定行为的普遍性发生，并不构成该行为具有本能特性或者根源于"人性"的决定性证明。①

这种分析仍然十分粗糙。为了再向前推进一步，我们可以尝试对心理主义的主题做出更直接的分析，其理论主张是，社会是相互作用的精神产物，因而社会规律最终应该还原为心理学的原则，社会生活的事件包括各种习俗，必然是个人的精神引起的动机的结果。

与这种心理主义的理论相反，自主性社会学的捍卫者可能提倡制度主义的观点。他们指出，没有任何行动仅仅用动机可以解释。如果动机（或者其他心理学的或行为主义的概念）

---

① 见波普尔《开放社会及其敌人》，1962年英文第4版，以及以后各版。

一定要在这种解释中使用，那么，它们应该通过参照普通的情境，尤其是参照环境来获得。

　　与上述观点相反，心理主义的追随者可能会反被驳，他们非常愿意承认环境因素的重要性；然而，与自然环境相反，社会环境的结构（他们可能喜欢用时髦的"模式"一词）是人造的。因此，它必须依据人性、依据心理主义的理论才能被解释。例如，经济学家称作"市场"的这种富有特征的制度——其运行是他们研究的主要目的。用穆勒的话来说，派生于"追求财富的'心理'现象"。此外，心理主义的追随者认为，各种制度在我们的社会中之所以能够发挥如此重要的作用，是因为特殊的人性的心理结构，呈现出一种成为我们环境的传统的和相对固定的组成部分的趋势。最后这是他们的关键论点传统的起源和发展应该能够按照人性来解释。当将各种传统和制度追溯到其起源时，我们应该看到，它们的引入可以用心理学术语来解释，因为这是人出于这种或那种目的，在受一定动机的影响下而被引入的。人（或许还有人的祖先）在社会上是优先于人性的。例如，我们可以认为，语言预先假定了社会的存在。这就意味着，各种社会制度，随之而来的还有典型的社会规则或社会学的规律，是优先于一些人所谓"人性"的东西、优先于人的心理学而存在。如果某种尝试还值得的话，那么，更有希望进行尝试的，应该是依照社会学而不是其他方法对心理学进行还原或解释。

　　这使我们回到前面的马克思的格言。人，即人的精神、需求、恐惧和期待、人类个体的动机和志向，如果有区别的话，与其说是社会生活的创造者，不如说是它的产物。应该承认，我们社会环境的结构在一定意义上是人造的，其制度传统既不是上帝的作品，也不是自然的作品，而是人的行动和决策的结果，是能够由人的行为和决策所改变的。我认为，心理主义被迫使用心理学的社会起源的观点，这本身就构成反对心理主义的决定性论据。然而，它并不是唯一的论据。也许我们对心理主义的最重要的批评是，认为它不能理解解释性社会科学的主要任务。

它的任务并不像历史主义者所认为的，是预言历史的未来进程。相反，该任务是发现和解释社会领域中很不明显的依赖性，是发现以社会行动的方式存在的种种困难——它是研究社会材料所具有的不易操作、富有弹性或易破损等特性，以及它对我们铸造和加工这些材料的尝试所做的抵制。

第二节 社会工程理念

虽然"工程"这个会令人产生异议,但我还是用"渐进的社会工程"来描述渐进技术结果的实际应用。这个词需要有一个用于各种社会上活动的词,要实现某个目的就得利用一切可以得到的技术知识。渐进社会工程同自然工程一样,都是把目的置于技术领域之外。在这一点上,它和历史决定论不同,历史决定论认为人类活动的目的取决于历史的力量,它包括在历史决定论的范围内。

同自然工程的主要任务是设计机器,和改造、维修机器一样,渐进社会工程的任务是设计各种社会建构以及改造和运用已有的社会建构。这里所用的"社会建构"的意义很广泛,包括私人性质的和公众性质。因此,我将用这个词来描述一个企业,不论它是一个小商店还是一家保险公司,同样也可以用这个词来描述一所学校或一种"教育制度",或一个警察部队,或一个教堂,或一个法庭。渐进工程师抱有把社会看作"整体"的某些理想,但他并不相信把社会作为一个整体来重新设计的方法。无论目的是什么,他总是通过不断改进的小规模的调整和再调整来实现他的目的。他的目的可能是多种多样的,例如，某些个人或集团的财富的积累或权力的增加；或者财富和权力的分配；或者保护个人或集团的某些"利益"等。因此，公共的或政治的社会工程可以具有多种多样的倾向。

整体主义的或乌托邦的社会工程与渐进的社会工程相反，它不带有"私人的"，而是具有"公众"的性质。它的目的在于按照明确的计划或蓝图来改造"整个社会"，"夺取关键地位"扩大"国家权力……直到国家变成几乎与社会一样"，目的还在于从这一点上控制那些影响着社会未来发展的历史力量，或者阻碍社会发展，或者预见其过程并使社会与之相适应。

我称之为"渐进技术"和"历史决定论"的这两种方法论观点之间的对立，密尔已清楚认识到了。他写道，"有两种社会学研究，第一种研究所提出的问题是……例如，在现时的社会条件下实行普遍选举的结果将如何……但仍然有第二种研究……它的问题……不是在一定的社会形态中给出的原因有什么结果，而是在一般情况下造成……社会状态的原因是什么。"考虑到密尔的"社会形态"恰恰相当于我们称为"历史时期"，因而很明显，他所说的"两种社会学研究"之间的区别就相当于我们所说的渐进技术观点与历史决定论观点之间的区别。

历史决定论并不是与"能动主义"相对立的。历史决定论社会学甚至可以被解释为一种可以有助于（如马克思所说的）"缩短和减少新的历史时期诞生时阵痛"的技术。确实，在密尔对历史方法的描述中，我们可以发现这一思想的提法与马克思的提法极其相似："这里所指出的方法是探索社会进步诸规律必须遵循的方法。依靠它的帮助，我们不仅能够遥望人类的未来历史，而且能够决定用什么人为的手段去加速这一自然进步，只要它是有好处的……这种以思辨社会学最高分支为基础的实践规则将成为政治艺术中最宝贵和最有益的部分。"

正如这里所指出的，我认为这一方法与历史决定论者的方法之间的区别，其标志与其说它是一种技术，不如说它是一种渐进的技术。仅就历史决定论是一种技术而论，它的方法不是渐进的，而是"整体主义的"。

假使我们知道如何利用社会工程来按计划创设社会建构的话，历史决定论的方法与社会工程师或技术师的方法之间有着极其明确的区别。从历史决定论看，它的方法与任何一种社会工程方法是根本对立的，这正像气象学家的方法与造雨魔术师的方法根本对立一样。因此，社会工程被历史决定论者抨击为乌托邦。尽管如此，我们却发现历史决定论往往与典型的整体主义的或乌托邦的社会工程的思想相结合，例如"新秩序的蓝图"或"中央计划"的思想。

这种结合的两位典型代表人物就是柏拉图和欧文。柏拉图是一个悲观主义者，他相信所有的变化——或者几乎所有的变化——都是衰败，这是他的历史观。于是，他的乌托邦蓝图就要阻止一切变化。这是现在人们所说的"静态"。反之，欧文是一个乐观主义者，他可能（像斯宾塞那样）是一个历史决定论道德学说的信徒。马克思的很多思想被人误解，像欧文曲解了马克思的理念，妄图建立一个空想社会主义的体系，最终结果也是以失败告终。乌托邦蓝图是属于发展的或"动态的"蓝图，而不是一个被束缚住的社会。

历史决定论关心发展，但并不是关心社会生活各个方面的发展，而是关心"整个社会"的发展，乌托邦工程也是整体主义的。但前者都忽视了一个重要事实，即在这个意义上的"整体"绝不能成为科学研究的对象。而后者则过于激进，但社会的破而后立固然可以建立秩序，但对现有的社会破坏过大。历史决定论者和乌托邦主义者似乎都有对改变社会环境的经验，有时有极其深刻的印象，有时甚至为此而深感不安。于是，他们两方都试图使这种变化合理化，一方是对社会发展做出预言，另一方是力言这种变革必须加以严格而全面的控制，甚至应把它完全阻止住。

历史决定论者和乌托邦主义者之间的另一个联系，在于二者都相信他们的目的并不是选择问题，相信他们可以在自己的研究领域中用科学的方法来发现他们的目的。历史决定论者和乌托邦主义者都相信他们能够发现"社会"的真正目的，这倾向于采取某种历史决定论的道德学说。

修正过的论证，并尽可能地保存原初的理论，那么我们就达成一种完全建立在这一要求之上的论证，该要求主张，工人阶级现在代表、将来还代表人民的大多数。这一论证将这样进行。资本主义将受到"社会革命"——我们现在只不过用它来做资本家和工人之间斗争的推进——的改造。这场革命可以用渐进的和民主的方法进行，它也可能是暴力革命，甚至在不同的交替时期它既是渐进的又是暴力的革命。这一切将取决于资产阶级的反抗。但是无论如何，尤其是如果发展是和平的发展，他们必将以工人都获得《共产党宣言》所说的"统治阶级"的地位而告终；他们必须"争得民主"，因为"无产阶级的运动是绝大多数人的、为绝大多数人谋利益的自觉的独立的运动"。

重要的是要明白，即使在这种温和的修正过程中，预言也是站不住脚的。理由就是这样。如果渐进改革的可能性被承认，痛苦不断增长的理论就必须放弃；但是随之而来，断言工人某一天将必然构成"绝大多数"这一论据的伪装就会消失。我的意思并不是说，这个断言实际上是从马克思的苦难不断增长的理论中推出的，因为这个理论从未对农场主和农民予以足够的注意。然而，只要假定使中间阶级降落到无产阶级的水平、苦难不断增长的规律无效，那么我们就会发现，一个非常值得重视的中间阶级将继续存在（或者出现了一个新的中间阶级），它会与其他非无产阶级联合起来反对工人的权力要求，没有谁能够肯定地说出这种争夺的结果将是什么。诚然，统计学家从未表明过工业工人的人数相对于人口中其他阶级的增长趋势。反之，如果放开生产工具的积累还在继续的事实不论，又存在相反的趋势，这一事实足以驳斥修正过的预言式论证的有效性。所留下来的是这一重要的观察（可是它并不符合历史主义预言的狂妄标准），即在被压迫者的压迫下，或者在阶级斗争（如果这一术语被选用的话）的压迫下，社会改革已被广泛实行，也即是说被压迫者的解放已由被压迫者自身实现。

在马克思主义的理论中，存在两种密切相关的模棱两可的态度，从这种观点看，二者都重要。一种是建立在历史主义探讨之上的对暴力的模棱两可的态度。另一种是像《共产党宣言》所指出的，马克思主义者借以谈论"无产阶级夺取政权"的模棱两可的方式。这意味着什么？它可能意味着，并且它有时也是这样被解释的，工人政党有着与每个民主政党同样无害的和显而易见的目的,即争取绝大多数并组成政府。然而,它也可能意味着,并且这点经常被其所指的马克思主义者暗示,工人政党一旦掌握政权,就会使自身牢固地占据这个位置;也即是说,它将以这种方式利用它取得的选票,使得其他人很难以用普通民主的手段重新获得权力。这两种解释之间的差异是极其重要的。如果一个在特定时期处于少数派的政党计划压制其他政党,不论是用暴力的还是用取得多数选票的手段,那么,它就通过暗示承认,当前大多数政党同样有权这样做。这就丧失了一切抱怨压迫的道德权利;诚然,这等于用卑鄙手段欺骗了当前统治政党中那些试图用武力压制对手的集团。

我可以简略地把这两种模棱两可称作暴力的模棱两可和夺取权力的模棱两可。二者不仅根源于历史主义探讨的含糊,而且根源于马克思主义的国家理论。只要国家在本质上是一种阶级的专制,那么,一方面,暴力是容许的;另一方面,所能做的必然是以无产阶级专政去代替资产阶级专政。对形式的民主的过分担心只不过表明缺乏历史感,正如列宁所说的,"民主……只是历史发展的过程中的阶段之一。"

在激进派和温和派的策略理论中,这两种模棱两可都发挥了重要作用。这是可以理解的,因为模棱两可的系统使用能够使他们扩大未来的追随者得到补充的领域。这是一种策略优势,然而,这种策略优势在关键时刻可能容易导致失利。每当激进派的成员认为采取暴力的钟声已经敲响时,它就会导致分裂。激进派借以系统使用暴力的模棱两可的方式,由下述引自帕克斯最近对马克思主义的批判剖析,可以得到说明。"由于现在美国共产党不仅宣称,它现在不提倡革命,而且宣称它从未提倡过革命,从共产国际的纲领(1928年起草)援引几句话,也许是适当的。"帕克斯接着从其他地方援引了如下出自这个纲领的几段文字:"无产阶级夺取政权,并不意味着通过议会多数和平地'控制'现代的资产阶级国家……夺取政权……是用暴力推翻资产阶级政权,摧毁资本主义的国家机器……党……面临着引导群众直接进攻资产阶级国家的任务。这点通过……宣传……以及……群众行动可以做到。这种群众行动最终包括……联合武装起义的总攻……后一种形式(它是最高的形式)……应该依照战争的规则进行……"从这些引文中,我们可以看出,纲领的这一部分是十分模棱两可的。然而,这并不能够防止该党系统地运用暴力的模棱两可,如果策略形势需要的话,又可撤至对"社会革命"一词做非暴力的解释。它并不顾及《共产党宣言》中的一段结论性的文字(1928年纲领保留了它):"共产党人不屑于隐瞒自己的观点和意图。他们公开宣布:他们的目的只有用暴力推翻全部现存的社会制度才能达到。"

然而温和派系统地使用暴力和夺取政权的模棱两可的方式,甚至更重要。它在上述援引的马克思的较温和的观点的基础上,尤其被恩格斯发展,并成为一种极大地影响到后来发展的策略理论。这一理论可以描述如下:如果我们能够拥有它的话,我们马克思主义者非常愿意向通往社会主义的和平的和民主的发展。然而,作为政治的现实主义者,我们预见到这种可能性,即当我们处于接近赢得多数时,资产阶级不会平静地袖手旁观。他们宁可摧毁民主,在这种情形下,我们不应该退缩,而应该反击,并夺取政权。由于这种发展是一种可能的发展，我们应该为它提供阶级准备；否则，我们将背叛自己的事业。恩格斯这样论述这个问题："就目前来说……法律……的运行是如此有利于我们，以至当它还在持续时而我们却将它放弃，那当然是疯狂的。它是否不属于资产阶级，仍有待观察……该阶级为了以暴力压倒我们首先会放弃它。放第一枪吧，资产阶级的绅士们！无须怀疑，他们会是首先开火的人。总有那样一个美好的日子……资产阶级会目睹着迅速增长的社会主义的力量……常感到厌倦，他们就要诉诸非法和暴力了。"所发生的除了留下系统的模棱两可还会有什么呢？而且，这种模棱两可还被用作一种威胁，因为在后面的文字中，恩格斯还以下述方式告诫"资产阶级的绅士们"："如果……你们破坏宪法，……那么，社会民主党就可以自由采取行动，也可以自由制止反对你们的行动——它爱怎么做就怎么做。然而，不管将来做什么，它今天几乎是不会放过你们的！"

  有意思的是可以看出，这一理论如何极大地不同于马克思主义的原始概念，这个原始概念曾经预言，革命将作为资本主义对工人压迫的不断增强的结果而来临，而不是作为成功的工人运动对资本家压迫的不断增强的结果而来临。这一显著的路线变化，表明了现实的社会发展的影响，这种社会发展是苦难不断减少的表现之一。然而，恩格斯的新理论在策略上是荒谬的，它注定是要失败的，因为它把革命的，更确切地说，把反革命的主动性留给了统治阶级。原初的马克思主义理论教导说，工人的革命将在最萧条的时刻，即在政治体系被经济体系的影响崩溃又削弱的时刻，在一种能特别有利于工人的胜利的形势下，才会爆发。但是，如果"资产阶级的绅士们"应邀开了第一枪，可以想象，难道他们会愚蠢到不会明智地选择自己的时机吗？他们不会为自己即将进行的战争做准备吗？而且依照这一理论，他们掌握政权，这种准备难道不意味着动员各种力量以反对工人，而工人阶级几乎没有存在的胜算吗？通过修正这种理论，以便工人不会等到另一方面的攻击而试图解放自己，就不会遇上这种批评，因为依照它自身的前提，对那些掌权者而言，把准备做在前头总是容易的——如果工人准备棍棒，他们就准备步枪；如果工人准备步枪，他们就准备大炮；如果工人准备大炮，他们就准备俯冲式轰炸机，等等。

然而，这种批评，正如实际上所是和经验所证实的那样，只不过是表面的，这一理论的主要缺陷存在于更深处。我现在要提出的批评试图表明，无论是这一理论的前提，还是它的策略后果，都只能如此，它们可能恰好造成资产阶级的反民主的运动——这种反动是该理论预见到却又（模棱两可地）表示憎恶的：资产阶级的反民主因素的增强最终是内战。我们知道，这可能导致失败，导致法西斯主义。

简略地说，我想起的批评是，一旦它们被重要的政党所采纳，恩格斯的策略理论，更一般地说，暴力和夺取政权的模棱两可，就会使民主的运动成为不可能。我把这个批评建立在这一争论的基础上，即只有各主要政党都对民主的职能持一种可以用某些规则概括如下的观点时，民主才能够运行。

（1）虽然普选制度是最重要的，却不能把民主完全描述为多数人的统治，因为多数人可能以专制的方式进行统治。在一个民主国家，统治者的权力应该受到限制，民主的准则是这样的：在一个民主国家（也即是说政府），可以不经流血而为被统治者解散。因此，如果掌权者不能维护这些制度——它能够确保少数人有实现和平变革的可能性——那么，他们的统治就是一种专制。

（2）我们只需要区分两种形式的政府，即拥有这种制度的民主政府和一切其他的专制政府。

（3）一部具有连贯性的民主宪法只排斥法律体系的一种变化类型，即一种危及其民主特征的变革。

（4）在民主国家，对少数人的全面保护不会扩大到那些违法者，尤其不会扩大到那些煽动其他人用暴力推翻民主制度者。

（5）一种捍卫民主的构架体系的政策必然永远是从这一前提出发，即在被统治者和统治者中总会存在各种反民主的倾向。

（6）如果民主被摧毁了，一切权利就都会被摧毁。即使一定的为被统治者所欣赏的经济利益能够维持，它们也只是在表面上维持。

（7）由于民主承认非暴力的改革，那么它就为一切合理的改革提供了一个无价的战场。如果爆发在该战场上的一切特殊战斗中，维护民主不被作为头等大事考虑，那么，一切存在的潜在的反民主倾向，就可能导致民主的崩溃。如果对这些原则的这一理解尚未发展，那么就必须为它们的发展而斗争。相反的政策也许会证明是致命的，它可能造成最重要的战斗——追求民主本身的战斗——的失利。

与这种政策相反，马克思主义政党的政策可以被描述为一种使工人怀疑民主的政策。恩格斯说："实际上，国家无非是一个阶级镇压另一个阶级的机器,而且在这一点上民主共和国不亚于君主国。"然而,这种观点必然会产生下述政策。

(1)谴责民主不能够防止一切罪恶,而不承认民主者应该受斥责、不承认反对者通常并不比多数派少(每个反对党都拥有它应得的多数)。

(2)教育被统治者不要把国家视为自己的,而是视为隶属统治者的东西。

(3)告诉他们只存在一种改进事情的方式,即彻底夺取政权的方式。然而,它忽略了民主的一项实际上很重要的职能,即它能够制衡权力。

这种政策等于从事开放社会的敌人的工作,它为他们提供了一支不自觉的第五纵队。《共产党宣言》模棱两可地说:"工人革命的第一步就是使无产阶级上升为统治阶级,争得民主。"与之相反,我断定,只要它作为第一步被接受,那么,争得民主也会丧失。

这些就是恩格斯的策略理论,以及根源于社会革命理论的模棱两可的总结果。最终,它们不过是柏拉图以寻问"谁将统治国家"的方式提出政治问题的最后结果。对我们来说,十分紧迫的是要明白,与"权力如何被行使"和"行使多大权力"的问题相比,"谁应该行使权力"的问题几乎是无关紧要的。我们应该明白,在相当长的时间内,一切政治问题都是制度问题,是法律构架的问题,而不是个人的问题,通往更平等的进步只能靠对权力的制度控制来保证。

正如在之前所说的一样,我现在要通过指明马克思的预言影响近来历史发展的方式,举例说明第二步。一切政党在其反对者的不受欢迎的活动中，都有某种"既得利益"。他们依赖于反对者而生存，因而易于揣摩、强调，甚至是期盼他们。

依照马克思主义的理论，资本主义正在经受着内在矛盾的阵痛，这些矛盾威胁着要造成它的毁灭。对这些矛盾和它们强加给社会的历史运动的详细分析，构成马克思预言式论证的第一步。这一步在他的整个理论中不仅是最重要的，也是马克思花费最多精力的一步，因为实际上《资本论》的整三卷（原版超过2200页）都用于阐释它。它也是论证中最不抽象的一步，因为它建立在对他的时代的经济制度——无约束的资本主义——的描述性的分析之上，并受到统计学的支持。正如列宁所指出的："资本主义社会必然要转为社会主义社会这个结论，马克思完全是从现代社会的经济的运动规律得出的。"

在继续详细解释马克思预言式论证的第一步之前，我想以很简要的形式描述一下它的主要思想。

马克思认为，资本主义的竞争迫使资本家仓促行动。它迫使资本家积累资本。这样做，他们就违背了自身的长期的经济利益（因为资本的积累易于造成利润下降）。但是，虽然违背自身的利益，他们却从为历史的发展而工作不知不觉地发展为经济进步和社会主义而工作。这应归于这一事实，即资本的积累意味着：①不断增长的劳动生产率；财富的不断增长；财富集中于有少数人手中。②穷人和苦难的不断增长；工人的工资仅够维持生计或者不至于饿死，由于工人过剩，即所谓"产业后备军"的存在，使工资维持在最低水平。贸易周期会随时阻挠过剩的工人被不断发展的工业吸收。即使资本家想这样做，这也是他们无法改变的；因为他们的利润率下降，会使他自身的经济地位不稳定，以至难以采取任何有效的行动。这样，尽管资本主义积累促进了通往社会主义的技术、经济和历史的进步，它却变成一种自杀性的和自我矛盾的选择。

马克思预言式论证的第一步，前提是资本主义竞争和生产资料积累的规律，结论则是财富和苦难同步增长的规律。我将从解释这些前提和结论开始讨论。

在资本主义条件下，资本家之间的竞争发挥了重要作用。正如马克思在《资本论》中分析的，如果能够以低于竞争者所能予以接受的价格出售生产的商品，"竞争斗争"就能够进行。马克思解释说，"竞争斗争是通过使商品价格来进行的。在其他条件不变时，商品的价格取决于劳动生产率，而劳动生产率又取决于生产规模。"因为大规模的生产一般能够使用较专门的和大批的机器，这就提高了工人的生产率，并允许资本家生产和低价出售产品。"因此，较大的资本战胜较小的资本……竞争的结果总是许多较小的资本家垮台，他们的资本……转入胜利者手中……"（正如马克思指出的，这一运动通过信贷体系得以加速。）

依照马克思的分析，所描述的这一过程，即因竞争而来的积累，有两个不同的方面。其一，资本家为了生存，不得不积累或积聚越来越多的资本；这实际上意味着，投入越来越多的资本，以购买越来越多和越来越新的机器，从而不断地提高工人的生产率。其二，越来越多的财富集中到不同的资本家和资产阶级的手中；随之而来的是资本家人数的减少，即一种马克思称作资本的集中的运动（与纯粹的积累或积聚不同）。

现在，在马克思看来，竞争、积累和不断增长的生产率这三个术语指明了一切资本主义生产的基本趋势；当我把马克思论证的第一步的前提描述为"资本主义竞争和积累的规律"时，它们正是我所暗指的趋势。然而，第四个和第五个术语，即积聚和集中则指明另一种趋势，它构成马克思论证第一步的结论的一部分，因为它们描述了一种财富不断增长和越来越集中到少数人手里的趋势。但是，结论的另一部分，即苦难不断增长的规律，只是通过一种非常复杂的论证达成的。但在开始解释这一论证之前，我首先应该解释第二个结论本身。

正如马克思所使用的，"不断增长的苦难"这一术语可以意味着两种不同的东西。它可以用来描述苦难的范围，即指苦难蔓延的人数在增长，也可以用来指人民受苦难的强度在增长。无疑，马克思认为，苦难在范围和强度上都在增长。然而，这远不是马克思需要用来表达的观点。为了预言式论证的目的，对"不断增长的苦难"这一术语做宽泛的解释是适当的（即使不是较好的）。它是这一种解释，即在它看来，当苦难的范围增长时，苦难的强度可能增长，也可能不增长，但无论如何不会呈现任何明显的下降。

但是，有一种进一步的和更为重要的评论需要做出。对马克思而言，不断增长的苦难基本上涉及一种对雇佣工人的不断的剥削，这种剥削不仅表现在数量上，而且表现在程度上。此外，它涉及失业者——马克思称作（相对的）"过剩人口"或"产业后备军"——在痛苦和人数上的增长。然而，在这一过程中，失业者的职能必然是给雇佣工人造成压力，因而有助于资本家竭力从雇佣工人那里获得利润，以剥削他们。"产业后备军"，马克思写道，"隶属于资本，就好像它是由资本出钱养大的一样。过剩的工人人口不受实际增长的限制，为不断变化的资本增殖需要创造出随时可供剥削的人力资本。"又说，"产业后备军在停滞和半繁荣时期施加压力于现役劳动大军，在生产过剩和奋进时期又抑制现役劳动军的要求。"对马克思而言，不断增长的苦难本质上就是对劳动力的不断增长的剥削，因为失业者的劳动力如果不受剥削，他们在这一过程中就只能充当资本家剥削雇佣工人的不付报酬的帮手。这个论点是重要的，因为后来的马克思主义者经常把失业指为证实苦难趋于增长这一预言的经验事实之一。然而，只有当失业与对雇佣工人的不断增长的剥削，即与长时间的工作以及较低的实际工资一同发生时，它才能被认为证实了马克思的理论。

这可能足以解释"不断增长的苦难"一词。但是，仍有必要对马克思认为已经发现的不断增长的苦难的规律做出解释。我以此意指马克思的整个预言式论证因之而定的理论；即这种理论，它认为资本主义不可能减轻工人的苦难，因为资本主义积累的机制使资本家经受强大的经济压力，如果不想屈从于这种压力，他们不得不将它转移给工人。这就是为什么即使资本家想这样做，他们也不可能妥协，不可能满足工人的一切重要需求的原因，这就是为什么"资本主义不能被改革，而只能被摧毁"的原因，显然，这条规律是马克思论证的第一步的关键性结论。另一个结论，即财富不断增长的规律是一件无害的事情，只要财富的增长为工人所分享是可能的。马克思关于它是不可能的这一论点，因而将是我们进行批评分析的主题。但是，在对马克思支持这一论点的论证继续进行描述和批评之前，我要扼要地评论这一结论的第一部分，即财富不断增长的理论。

马克思所观察的财富的积累和积聚的趋势，几乎很难受到质疑。他的生产率不断增长的理论在主要方面也是难以反对的。虽然一个企业生产增长率所产生的利润效果可能有限，但是机器改进和积累的利润效果是无限的。然而，考虑到资本越来越集中在少数人手中的趋势，问题并不如此简单。无疑，存在这样一种发展的趋势，我们可以同意，在无约束的资本主义体系下，这种趋势的力量几乎不存在。作为对不受约束的资本主义的一种描述，对马克思的这部分分析很难再说些什么。但是，当作为一个预言来考虑时，它就很难站得住脚。因为我们知道，现在有许多立法能够干预的手段。税收制度和遗产税就能够用来抑制财富集中，并且它们就是这样被使用的。虽然也许效果不大，但是反托拉斯的立法也可以被使用。要评价马克思预言式论证的力量，我们必须考虑这种大的改进趋势的可能性。正如前面提到的，我们必须宣布，马克思把财富集中或资本家人数减少的预言建立在这一论证的基础之上，是没有说服力的。

在解释了马克思论证的第一步的主要前提和结论、并处理了第一个结论之后，我们现在完全可以关注马克思的另一个结论，即苦难不断增长的预言的由来。

马克思的价值理论——它通常被马克思主义者和反马克思主义者视为马克思主义学说的基石——在我看来是其不重要的部分之一。诚然，我为何继续探讨它而不立即进入下一部分的理由是，它普遍被认为是重要的，如果我因为与这种意见不同就不讨论这一理论，我也就不能维护自己的观点。我想即刻澄清,在坚持价值理论是马克思主义的一个多余部分时,我是在维护马克思,而不是攻击他。毋庸置疑,许多指出价值理论本身十分脆弱的批评家,在主要方面是完全正确的。但是,如果可以确立马克思主义的关键的政府能够完全不依赖于这种争论纷纭的理论而得到发展,即使他们错了,这也只能加强马克思主义的立场。

所谓劳动价值论的观念其实非常简单,它是马克思出于自己的目的,从其前辈(他尤其提到亚当·斯密和大卫·李嘉图)那里发现的提示中改造而来的。如果你需要一个木匠,你必须按时间为他计算酬劳。如果你问他,为什么一定的工作会比另一个人的更贵,他会指出,在这个工作中投入了更多的劳动。除劳动之外,你当然必须支付买木料的费用。然而,如果你稍微更缜密地探究一下这件事,那么,你会发现,你间接地向涉及育林、砍伐、运输和加工等的劳动支付了费用。这一思考提示了一种普遍的理论,你必须粗略地按照其中所含劳动量的比例,向为你付出的劳动或你要购买的任何商品支付费用。

我之所以说"粗略地",是因为实际价格是波动的。但是,在这些价格的背后,总是存在,或者至少是呈现出某种更稳定的东西,即一种实际价格围绕它产生波动的平均价格,这种平均价格被命名为"交换价值",或者更简单地说,被命名为事物的"价值"。用这种普遍的观念,马克思把商品的价值定义为商品生产(或者商品再生产)所必需的平均劳动时间。

下一个观念,即剩余价值理论近乎同样简单。它也是马克思从其前辈那里改造而来(恩格斯断定——也许是错误的,但我将遵循他对这一问题的描述——马克思的主要来源是李嘉图）。剩余价值理论，在劳动价值论的界限内，是一种回答这一问题的尝试："资本家是如何牟取利润的？"如果我们假定，资本家工厂中生产的商品在市场上都以真实的价值，即依照其生产所必需的劳动量出售，那么，资本家能够牟取利润的唯一方式，是付给工人比其生产的全部价值更低的工资。因此，工人收到的工资代表一种与他付出的劳动量并不相等的价值。我们因而可以把他的工作时间分为两部分，即他用来生产与其工资相等的价值的时间，以及他用来为资本家生产价值的时间。所以，我们可以把工人生产的整个价值分为两部分，后者被称作剩余价值。这种剩余价值被资本家占有，并且是他的利润的唯一基础。

至此为止，故事是够简单的。然而现在提出了一个理论难题。为了解释一切商品进行交换的实际价格，总价值理论被引进；还可以假定，资本家在市场上获得产品的全部价值，即一种与用在产品上的总时间相一致的价格。然而，看起来似乎是，工人并不能获得他在劳动市场上出卖给资本家商品的全部价格。似乎是工人受骗了，或是遭窃了。无论如何，似乎工人没有按价值理论所假定的一般规律，即没有按（至少在一种初始的近似值上）受商品的价值决定的一切实际价值被付给报酬。（恩格斯说，这个问题已被属于马克思称作"李嘉图学派"的经济学家所了解，他断言他们没有能力解决这个问题导致这一学派的解体）这个难题看起来似乎有一个相当明确的解决办法。资本家拥有对生产资料的垄断，这种优越的经济权利可以用于威胁工人达成违反价值规律的协议。但是，这种解决办法（我认为它对这种情形完全是一种似乎有理的描述）彻底摧毁了劳动价值理论。因为它现在证明,一定的价格,即工资,并不符合,甚至在一种初始的近似值上也不符合它们的价值。这就创造了一种可能性,即基于同样的理由,其他价格也可能是这样。

　　这就是马克思为从废墟中拯救劳动价值论登台亮相时的情形。靠着另外的简单又明确的观念的帮助,马克思成功地表明,剩余价值论不仅与劳动价值论一致,而且它能够从后者严格地推演出来。为了达成这种推演,我们只有被迫询问自身:确切地说,工人出卖给资本家的商品是什么?马克思的回答是:不是他的劳动时间,而是他的整个劳动力。资本家在劳动市场上购买或租借的是工人的劳动力。让我们暂且假定,这种商品以其真实的价值被出售。它的价值是什么呢?依照价值的定义,劳动力的价值是劳动力的生产或再生产所必需的劳动时间的平均值。但是,显然这只不过是生产工人(及其家庭)的生存资料所必需的时间。

　　因此,马克思达成下述结论。工人的整个劳动力的真实价值等于生产他维持生存的资料所需要的时间。劳动力以这种价格被出卖给资本家。如果工人能够比这工作更长,那么,他的剩余劳动就属于其劳动力的买主或雇主。也即是说,劳动生产率越高,工人每小时所能生产得越多,维持他生存的生产所需要的时间就越短,剥削他的时间就越多。这表明,资本主义剥削的基础是高度的劳动生产率。如果有一天工人只能生产他自己的日常需要,那么,不违背劳动剩余价值剥削的规律就不可能存在,就只有通过欺骗、盗窃或谋杀才可能。但是一旦通过引进机器,劳动生产率提高到如此程度,以至一个人能够生产远远超过他所需要的东西，那么，资本主义剥削就成为可能。就每种商品（包括劳动力）都以它的真实价值进行买卖而言，剥削在"理想的"资本主义社会中才成为可能。在这样的社会，剥削的不公正并不在于这一事实，即工人出卖的劳动力没被支付"公平的价格"，而是在于这一事实，他是这样的贫穷，以至于他不得不出卖劳动力，而资本家却富裕得足以大量购买劳动力，并从它获得利润。

通过这样引出剩余价值政府，马克思一度从废墟中拯救了劳动价值政府。撇开这一事实，即我把整个"价值问题"在价格围绕"客观的"真实价值波动的意义上看作是不相干的不论，我非常愿意承认，这是第一流的理论成就。然而，马克思所做的大大超过了拯救"资产阶级经济学家"最初推进的理论。他令人惊讶地提出了剥削理论和解释为何工人的工资趋于围绕维持生存（或不至于饿死）的水平而波动的理论。马克思的最大成就是，他现在能够对趋于接受自由主义的合法外衣的资本主义生产方式这一事实提出一种解释，即一种与他的法律体系的经济理论相一致的解释。因为这一新的理论使他得出这一结论，即一旦新机器的引进成倍地提高了劳动生产率，就有产生新的剥削形式的可能性，这种形式用自由市场代替了野蛮的力量，并建立在对公正、法律面前人人平等和自由的"形式的"遵守之上。他断定，资本主义体系不仅是一种"自由竞争"的体系，而且它还靠"剥削其他人的，但却在形式的意义上是自由的劳动来维持"。

对我而言，要在这里详细说明马克思对价值理论所做的一系列事实上令人惊讶的运用，是不可能的。然而这也是没必要的，因为我对这一理论的批评将会指明能够把价值理论从所有这些探讨中清除的方式。我现在就要引申这种批评，其主要论点是：①马克思的价值理论并不足以解释剥削；②为这种解释所必需的附加假定过于充足，以至价值理论被证明是多余的；③马克思的价值理论是一种本质主义的或形而上学的理论。

价值理论的基本规律是这样一种规律，即一切商品（包括工资）的价格实际上是由其价值决定的，或者更确切地说，它们至少在初始的近似值上与它们生产所必需的劳动时间是相称的。现在这种"价值规律"（正如我所能称它的）即刻提出一个问题。为什么会有这种情形？显然，既不是商品的买方，也不是卖方能够一眼看出的，它的生产需要多少小时，即使他们能够看出，这也不能解释价值规律。因为很清楚，买方只不过尽其可能买得便宜，卖方则尽其可能往高要价。似乎是，这应该是一切市场价格理论的基本假定之一。为了解释价值规律，我们的任务是，买方为何不可能低于商品的"价值"成功地买到东西，卖方不可能高于商品的"价值"成功地出售东西，这个问题多少清楚地被那些坚信劳动价值论的人看到，他们的答复就是如此。为了简化的目的，为了获得一种初始的近似值，我们可以假定完全自由的竞争。鉴于同一理由，让我们只把这种商品视为能够以实际上不受限制的量被制造（只要劳动是有效的）。现在让我们假定，这种商品的价格高于它的价值，这将意味着，在这种特殊的生产部门可以获得额外的利润。它将鼓励各种制造商生产这种商品，而竞争就会降低价格，相反的过程则会导致以低于其价值出售的商品的价格的增长。因此，这将会产生价格波动，这些波动将围绕商品的价值这个中心。

换言之，它是一种供求机制，在自由竞争的条件下，这种供求机制趋于对价值规律施加压力。

类似这样的思考经常可以在马克思那里发现，例如，在《资本论》第三卷中，他试图解释为什么对不同的制造部门的所有利润而言，存在一种达成近似值，以及使自身接近一定的平均利润的趋势。在第一卷中，它们也被用来特别指明，为什么工资被保持在较低的、近乎维持生存的水平，或者被保持在同样可以说仅够不至于饿死的水平。显然，如果工资低于这种水平，工人实际上就会饿死，劳动力在劳动市场上的供应就会消失。但是，只要人还活着，他们就会生产。马克思试图详细指明，资本主义积累的这种机制为什么必然会创造过剩人口，即产业后备军。因此，只要工资能够保持在不至于饿死的水平，在劳动市场上，就总会有不仅是足够的，而且是过剩的劳动力的供应。依照马克思的观点，阻止工资提高的就是这种过剩的供应："产业后备军……加压力于现役劳动军……因此，过剩人口是劳动供求规律借以运动的背景。它把这个规律的作用范围限制在绝对符合资本的剥削欲和统治欲的界限之内。"

现在，这段话表明，马克思本人了解以一种更具体的理论支持价值规律的必要性；这种理论要能表明，在任何特定情形下，供求的规律如何造成必须予以解释的结果导致不至于饿死的工资。然而，如果这些规律足以解释这些结果，那么，我们就根本不需要劳动价值理论，不论它是否具有一种站得住脚的初始的近似值（我并不认为它具有这种近似值）。而且，正如马克思了解的，供求的规律对解释一切这类并不存在自由竞争的情形都是必要的，因而他的价值规律在其中显然不起作用；

例如，在垄断能够用作使价格不断保持高于"价值"的地方就是如此。马克思把这种情形视为例外，这很难说是正确的观点；然而也能出现这种情形，垄断不仅表明供求的规律对补充他的价值规律是必要的，而且它们也能更一般地被运用。

另一方面，如果我们像马克思那样假定一种自由的劳动市场和一种长期存在的过剩的劳动供应，显然，供求的规律对解释一切"剥削"现象——更确切地说，解释马克思观察到的与企业家的财富并存的工人的苦难，不仅是必要的，而且是充分的。正如马克思表明的，工人在这种情形下不得不工作较长的时间以换取较低的工资，换言之，不得不承认资本家"占有自己劳动成果的最佳部分"。这种尝试性的论证——它构成马克思自身的论证的一部分——甚至无须提及"价值"一词。

第三节　知识社会学

知识社会学最早来源于德国社会学家舍勒的观点。知识社会学是研究知识以及思想产生、发展与社会文化之间联系的一门社会学分支学科。

毫无疑问，黑格尔和马克思的历史主义哲学是他们的时代的特有产物。柏拉图试图抑制一切变化来反抗这种情形，近代的社会哲学家则呈现出极其不同的反应，因为他们接受变革；然而，在我看来对变革的热爱似乎有点儿矛盾。知识社会学主张科学的思想，尤其是关于社会和政治问题的思想，是在受社会制约的环境中进行的，它主要受到无意识的或潜意识的要素的影响。这些要素仍然逃避了思想家的观察的眼睛，因为它们构成了思想家居住的场所，即他的社会居所。在他看来，它们在逻辑上通常是真实的，例如就像"一切桌子都是桌子"这句话。这就是为什么他们甚至根本没有意识到他们已经提出了一切假设的原因。但是，如果我们把他同一位生活在不同社会居所的思想家进行比较，就能够看到他已经提出了假设；因为他也从一个显然没有疑问的假设系统出发，但却是一个完全不同的假设系统；它可能非常不同，以至在这两个系统之间，根本不存在理智的桥梁可以沟通,也没有调和的可能。每个这种由社会决定的不同的假设系统,都被知识社会学家称为一种总体意识形态。①

知识社会学可以被视为康德认识理论的黑格尔式翻版,因为它遵循了康德批判我们可以称为"消极的"认识理论的路线。我以此意指休谟以来的经验主义者的理论,这种理论可以粗略地被描述为,主张认识通过我们的感官而进入我们的大脑,错误是由于我们干扰了感官提供的材料,或者是由于其中发展出来的联想;避免错误的最好方式,就是完全保持被动和接受状态。②与康德相反,黑格尔不相信人类意识的统一。他认为人的理智工具是不断变化的,它是人的社会遗产的一部分;因此,人的理性的发展必须与其社会(即他所属的国家)的历史发展相吻合。知识社会学或"社会学主义"显然是与它密切相关的,或者与它近乎等同,唯一的差别在于,在马克思的影响下,它强调历史的发展并不产生一种如黑格尔所说的相同的"民族精神",是依照他们的阶级、社会地位或社会居所,在一个民族中产生出那些人所持有的相反的"总体意识形态"。

黑格尔所体现的精神是,在观点各异的哲学的旋涡上自由地保持平衡,并还原为最高综合和其体系的纯粹成分。知识社会学认为,通过用自由平衡的理智去分析各种不同的潜藏的意识形态及其在潜意识中的定位,就可以达到最高程度的客观性。通向真知之路似乎就是揭示潜意识的各种假设,就像一种

---

①② 见波普尔《开放的社会及其敌人》,1962年英文版第4版,以及以后各版。

心理疗法，或者说，像一种社会疗法，只有那些被进行过社会分析或者对自身做过社会分析的人，摆脱了他的社会意识形态的人，才能获得客观知识的综合。

具有讽刺意味的是，客观性与科学方法的社会方面密切相关，科学客观性不是由个体科学家寻求客观性尝试而是由密切相关的许多科学家来寻求。科学的客观性可以被描述为科学方法的主体性。但那些声称是知识社会学家的人，科学的这个社会方面几乎完全被忽视。

在这方面，自然科学方法的两个方面是重要的，一起形成了我所命名的"科学方法的公共特征"。第一，必须有一些讨论自由批评的方法。科学家可以自信地放下自己的理论是无可争辩的，但这不一定会影响他的科学家同事，它触动他们挑战。因为他们知道科学的态度意味着批评一切，即使是权力也不能使之停止。第二，科学家试图避免谈论冲突的计划。[①]

为了进一步澄清科学方法的这一方面仍然被忽视，我们可以考虑将其用作一种方法而不是结果来表征科学的观点。我们所说的"科学客观性"不是个别科学家的公平性，而是科学方法的社会或公共特征的产物。科学家的公平性不是这样的社会或机制有组织科学的客观性的来源，而是结果。

任何时候，我们的科学理论不仅依赖于实验等，而且还依赖于人们认为理所当然的偏见，使我们不了解它们虽然使用某些逻辑方法可能有助于我们检查它们。无论如何，我们可以说科学可以理解和摆脱一些硬壳。这个过程可能永远不是完美

---

① 见波普尔《开放社会及其敌人》，1962年英文第4版，以及以后各版。

的，但是没有固定的障碍必须在它的前面，原则上可以批评任何假设。任何人都可以成为批评的对象，由此构成了科学的客观性。

科学的结果是"相对的"，只是科学发展的一个阶段的结果，在科学进步的过程中容易被超越。但这并不意味着真相是"相对的"。如果一个参数是真的，那么它将永远是真实的。这仅仅意味着大多数科学成果具有假设的特征，即对于该陈述，证明并不是决定性的，因此可以随时修改。这些想法虽然对社会学家的批评是不必要的，但它可能有助于提高对理论的理解。为了驳斥我的主要批评，合作的开放性，文化间的差异和科学方法在科学批评和科学进步中发挥了重要作用，并提出了一些意见。

事实上，社会科学尚未完全获得这种做法的开放性。这部分是由于黑格尔和亚里士多德的破坏的影响，部分是因为他们无法使用科学的社会客观性手段。因此，他们实际上是"一般意识形态"，换句话说，某些社会科学家甚至不愿意谈论一种共同的语言。

然而，这个理由不是一个阶级的兴趣，治疗既不是黑格尔的辩证综合，也不是自我分析的。通往社会科学的唯一开放道路就是忘记一切相关的言语斗争，用一种在所有科学基本相同的理论方法来解决我们时代的实际问题。我指的是试错，发明的测试可以在实践中测试，并使其从属于测试方法的实践，需要的是一个可以通过零星社会工程进行测试的社会过程。

第四节　理想的社会建构

在我看来，开放社会在批判唯美主义、快乐主义、乌托邦主义的基础上，增加了更加开放的社会建构，这样的社会才能更加自由、多元化，并且它将拥有不断自我完善的能力。在一个开放社会中，政府容许并接受民间的批评；政府行为透明；它不是集权社会，个人自由和人权是开放社会的基石。

没有人知道完美的政府是什么样子，于是次优的选择是一个可以和平更替权力的政府。文化多元不仅是开放社会的特点，也是开放社会不断改善、进化的活力源泉。而"封闭社会"的特点是政治单极、文化单元，权力更替常常只能用暴力革命完成。合理性，在一种诉诸普遍的和不受个人影响的意义上说，具有至高的重要性……不仅在它流行的时代是如此，而且在那些它受到蔑视和被作为人的徒劳梦想而拒绝的不幸的时代，则更是如此——这些人缺乏对他们不同意之点进行搏杀的英雄气概。①

在提出我的理想的社会建构"开放社会"之前。不得不提

---

① 见波普尔《开放社会及其敌人》，1962年英文第4版，以及以后各版。

到唯美主义、快乐主义、乌托邦主义,这三种社会构想固然有它们的优点,但在现实社会面前或多或少显得有些天真。

唯美主义运动是于19世纪后期出现在英国艺术和文学领域中的一场组织松散的运动。人们通常认为唯美主义和彼时发生在法国的象征主义或颓废主义运动同属一脉,是这场国际性文艺运动在英国的分支。这场运动是反维多利亚风格风潮的一部分,具有后浪漫主义的特征。它发生于1868年延续至1901年维多利亚时代晚期,学术界认为唯美主义运动的结束以奥斯卡·王尔德被捕为标志。英国的颓废派作家们受瓦尔特·佩特的影响非常大。佩特在1867年至1868年之间发表了一系列文章,主张人们应该热情地拥抱生活,追求生活的艺术化,颓废主义者们接受了这一观点。唯美主义的代表人物是王尔德,而唯美主义的两个主要论点:一是对快乐主义的批判,二是生活艺术化的思想。

在我看来,这两者都过于理想化和充满了艺术家的情怀。诚然,培养对艺术的审美和提高个人的境界水平,还有对美的追求,这些对一个人的发展是积极的。但是,将这种个人品位追求变成一种社会思潮,变成一种社会建制并不可取。社会绝不会因为美的追求而变得美,正如任何时代都会有法律和规则,以此防止有人作恶或者做出有损集体利益的事情。而艺术的行为是不可控的,不少艺术家为了追求艺术的极致,很可能做出违背社会规则的事情,甚至会有犯罪的行为。因此,美可以作为个人的追求,但不可以作为一个社会的追求。

而快乐主义的代表人物是伊壁鸠鲁,他成功地发展了阿瑞斯提普斯的享乐主义,并将之与德谟克利特的原子论结合起来。伊壁鸠鲁是像边沁一样的一个人，他也认为在一切时代里所有的人都只追求着自己的快乐，有时候追求得很明智，有时候则追求得很不智；但是他也像边沁一样，常常会被自己温良而多情的天性引得做出一些可赞美的行为来，而根据他自己的理论他本是不应该如此的。

他显然非常喜欢他的朋友，不管他从他们那里所得到的是什么；但是他却极力要说服自己相信，他自私得正像他的哲学所认为的一切人一样。据西赛罗说，他认为"友谊与快乐是分不开的，所以就必须培养友谊，因为没有友谊我们就不能安然无惧地生活，也不能快乐地生活"。然而他又有时多少是忘记了自己的理论：他说"一切友谊的本身都是值得期望的"，又补充说"尽管这是从需要帮助而出发的"。

虽然伊壁鸠鲁的伦理学在别人看来是粗鄙的而且缺乏道德的崇高性，但他却是非常之真诚的。伊壁鸠鲁的快乐主义应用于社会学也是十分危险的，在当下社会中，越来越多的人受到快乐主义理念的影响，他们往往变得自私而贪婪，懒惰而麻木。人的天性中固然有追求快乐的天性，但动物也有这样的天性。社会要稳定而繁荣地发展，人类要坚定不移地前行，光是追求快乐是远远不够了，除了追求快乐，人类还有更多的精神品质值得讴歌和赞美，比如正义、坚韧、自信、勇敢、睿智，等等。

在柏拉图的纲领中内在地存在着我认为极其危险的关于政治学的研究方法。从理性的社会工程的观点来看，其分析具有重大的现实意义。我想到的柏拉图哲学的研究方法可以描述为乌托邦工程，它和另一种类型的、我认为是唯一一种理性的社会工程相对立，而后者可以命名为零星工程。乌托邦的方法更为危险，因为它似乎可以成为一种彻头彻尾的历史主义——意味着我们不能够改变历史进程的极端历史主义方法的显而易见的替代方法；与此同时，它似乎成为对象柏拉图的理论那样允许人类干预的不那么极端的历史主义的必要补充。

任何一种理性行动必须具有特定的目的，它有意识且一贯地追求其目的，决定其意图的手段是同样理性的。所以如果我们想要合理地行动，那么选择这个目的就是我们要做的第一件事情。我们必须小心地确定我们的真实和最终目标，把它们与那些实际上只有中间步骤的最终目的或中间或地方目的的手段明确区分开来。如果我们忽视这个区别，我们一定会忽视这些地方目标是否可以促进实现最终目标的问题。所以我们不能理性地行事。

如果适用于政治活动领域，这些原则要求我们采取任何实际行动，才能决定我们的最终政治目标或理想国家。只有当最终目标得到确定时，至少有一个粗略的纲要，只有当我们有类似于我们目标的社会蓝图的东西时，才能开始考虑实现它的最佳方式，而且意味着开发实际行动计划。这些是理性的，特别是社会工程的实际政治行动可以证明的基本条件。①

简而言之，这就是我所说的乌托邦工程的方法论。确定它是有疑问和有吸引力的。事实上，这种方法吸引所有不受历史偏见影响的人，也不会影响这些偏见。这使得它更危险，并使其更为关键。

---

① 见波普尔《开放社会及其敌人》，1962年英文第4版，以及以后各版。

乌托邦主义试图实现一个理想的国家，他将整个社会蓝图作为一个整体，这需要一些能够导致独裁的人的集权统治。我认为这是对乌托邦思想方式的批评，没有涉及的一些内容为我们提供了反对乌托邦思想的更直接的论据。仁慈的独裁者面临的困难之一就是找出他的措施的效果是否符合他的善意。这个困难源于权威主义必须停止对仁慈独裁者对他所采取的措施不容易听到的事实的批评。

　　但是，如果没有这样的考验，几乎不可能确定这一措施是否符合预期的怜悯目标。对乌托邦工程师而言，这种情况必将变得更糟。重建社会是一个伟大的事业，一定会给很多人带来相当大的不便，而且会持续很长时间。因此，乌托邦的经理人必须对自己的投诉感到沮丧，事实上，对舒缓压力将成为他工作的一部分。但是当他这样做的时候，他也必须压制合理的批评。

　　乌托邦项目的另一个困难与独裁者的继承人的问题有关。我已经提到了这个问题的几个具体方面。乌托邦项目产生了类似但更严重的问题，相比于寻求同样继承人的仁慈接班人所面临的困难。这样一个乌托邦的真正的袭击事件，使得一群或一组社会工程管理人员在一年的生活中无法实现其目的。如果继承人不追求同样的理想，那么人民为这个理想所遭受的一切苦难，都是徒劳的。

　　对柏拉图的政治理想主义和马克思对他所谓的"乌托邦主义"的批评的批评是有用的。马克思的批评和我的批评的共同点是我们都主张现实主义。我们两个人都认为，乌托邦的计划永远不会以构想的方式实现，因为几乎没有任何社会行动准确地产生了预期的结果，但有很多差异。

在批评乌托邦主义的时候，马克思实际上谴责所有的社会作品，很少有人理解。他指责社会制度理性计划的信念是完全不切实际的，因为社会一定要按照历史法则而不是我们的理性计划发展。他断言，我们所能做的一件事是缓解历史的痛苦。换句话说，他对所有社会工程采取了彻底的历史学说。但是，乌托邦主义有一个因素，这是柏拉图方法的独特特征，马克思没有反对，尽管这可能是我被批评为没有现实的那些要素中最重要的。这是乌托邦主义，尽一切可能尝试把社会视为一个整体，必须找到真正的社会邪恶原因。如果我们希望"使这个世界合理"，那么就有必要做一个可恶的社会制度被彻底消灭的事情。简而言之，这是一个不妥协的激进主义。

我相信，柏拉图的这种方式和马克思的方法，这种极端的激进主义与其审美主义相关联，也就是说，创造一个比我们的世界更好的，所有丑陋的世界完全消除它：它不是分青红皂白的旧衣服，而是一个全新的外套，一个真正美丽的新世界。这种审美主义是一种很容易理解的态度，其实我相信大多数人都有一点点追求这个完美梦想的痛苦。但只有当它是理性的时候，这种审美的激情才会被揭露出来。责任感和需要帮助别人对人道主义要求的制约，它将变得有价值。否则，这是一种已经发展成神经或歇斯底里的危险激情。

我们在柏拉图式的任何地方都找不到，这种更美学的灵气的表现是艺术家；像许多一流的艺术家一样，他试图制作他的作品模型"圣洁的原型"可视化和忠实地"描绘"它。柏拉图作为辩证法来描述内容，主要是为了纯粹的美丽的世界的智力直觉。他训练有素的哲学家是"那些看到了美、真、善"的真理,看谁能把它从天堂带到地球上。政治是柏拉图的最高艺术。这是一种艺术,不是隐喻意义上的意义,我们可以谈论操纵人或做事的艺术,而不只是艺术的含义。它是一种创意艺术,如音乐、绘画或建筑。柏拉图的政客创造了美丽的城市。

但在这里我必须提出反对。我认为,人生不能用作满足艺术家表达自己欲望的工具。相反,我们必须争辩,如果他愿意的话,每个人都应该有权利自己塑造自己的生命,只要这不妨碍他人。事实上,由于我同情这种审美主义的冲动,我建议这样的艺术家寻求以另一种材料代表。我认为政治必须坚持平等主义和个人主义的原则,追求美丽的梦想必须服从于遇难人民和遭受不公正的人的迫切需要,并服从于为此目的提供服务,这迫切需要一个系统。

有趣的是,柏拉图的激进主义,即实行大规模摇摆措施的想法和他的美学主义是密切相关的。柏拉图指的是"与上帝密切沟通的哲学家",首先提到他将在与"城市"的个人面前"强烈渴望"被征服,如果起草人不如他们的艺术家模特,他们永远不会知道如何快乐。当被问及他们绘画的细节时,柏拉图提出了以下令人信服的答案:"他们将城市和人物的性格作为画布是不容易的,他们将首先擦拭画布。但是你知道这个是与他人不同的地方。干净的帆布或手工擦拭,否则不会为城市和个人工作,也不会制定法律。"

为了批评柏拉图的激进主义的美学主义,我们可以区分两个不同点。

第一,谈到我们的"社会制度",需要用另一个"制度"

取代一些人,他们的头脑与绘画画布非常相似,画画前必须有一些画布的重要区别在于画家和与他一起工作的人,以及与生活有关的各种制度,包括他建立一个更美好的世界和规划的梦想,他的标准行为准则和道德规范,都是社会制度被抹去的一部分。如果他们真的想擦拭画布,他们将毁灭自己,破坏他们的乌托邦计划。像阿基米德那样并作为一个政治艺术家大声说话,用一个杠杆来撬动世界。在社会世界之外找到一个可以站立的地方,而且在任何一个地方重建国际社会必须不断运作,但是这样的地方并不存在。

第二,激进主义固有的非理性主义。在所有的事情上,我们只能通过错误和改进来学习,我们永远不能依靠灵感。因此,假设我们的社会世界的完全重建将立即创造一个可行的制度是不合理的。相反,我们应该预期,由于缺乏经验,我们会犯很多错误,只有通过漫长过程,才能消除这些错误;换句话说,只能用我们倡导使用零星工程理性的方法,可以做到这一点。

但不喜欢使用这种方法的人,因为不彻底,为了再次使用干净的画布,将再次抹去新建的社会。而且,由于同样的原因,这一次又要重新开始,他们将不得不重复这个过程,永远不会有任何进展。那些承认这一点,准备采取我们更温和的零星改进方法的人,但只有在第一次彻底清洗画布之后,几乎不可能逃避他们的初步突击和暴力措施中绝对不必要的批评。

美学主义和激进主义不可避免地导致我们放弃理性,用绝望的希望取代政治奇迹。这种不合理的态度源自对建立美丽世界的梦想的痴迷,我称之为浪漫主义。可能在过去或未来找到天上的城市国家，它可能主张"回归自然"或"走向充满爱与美的世界"。但它总是诉诸我们的情感而不是理性。真正理想的社会一定是开放的社会，我期待着人类在这样的社会里生存和发展，不断前行，创造出更加辉煌灿烂的文明。

参考文献

[1] 波普尔. 科学发现的逻辑[M]. 查汝强, 邱仁宗, 万木春, 译. 杭州: 中国美术学院出版社, 2008.

[2] 卡尔·波普尔. 开放的宇宙[M]. 李本正, 译. 杭州: 中国美术学院出版社, 1999.

[3] 波普尔. 无尽的探索[M]. 邱仁宗, 译. 南京: 江苏人民出版社, 2000.

[4] 波普尔. 历史决定论的贫困[M]. 邱仁宗, 杜汝楫, 译. 上海: 上海人民出版社, 2015.

[5] W.C.丹皮尔. 科学史及其与哲学和宗教的关系[M]. 李珩, 译. 北京: 商务印书馆, 1975.

[6] 栾玉广. 自然辩证法原理[M]. 合肥: 中国科学技术大学出版社, 2002.

[7] 宗惠. 波普尔知识进化论述评[D]. 长春: 吉林大学, 2005.

[8] 何兆武. 评波普尔《历史主义的贫困》[J]. 长春: 社会科学战线, 2011(4):213.220.

[9] 钭舟凌. 开放社会及其困境——波普尔政治哲学述评[D]. 杭州: 浙江大学, 2013.

后记

1994年9月17日，卡尔·波普尔这位一生都在思考宇宙真相的伟大哲学家永远离开了我们。在他的生前就获得了无与伦比的殊荣，他的思想影响了20世纪的整个西方，众多的诺贝尔奖获得者公开表示波普尔的思想给他们的科学研究提供了创造性的科学思维方式，而他的学生乔治·索罗斯运用了他的思想在金融领域叱咤风云，索罗斯每年的薪水至少要比联合国中42个成员国的国内生产总值还要高，富可敌42国。

但这样充满智慧的思想家却以苏格拉底的墓志铭"我一无所知"作为了自己的墓志铭。人类在探索这个世界的路上不断地前行，虽然创造了辉煌而灿烂的文明，但在浩瀚的宇宙中，我们人类依旧渺小到微不足道。这个世界很奇妙，一个越无知的人往往越会被人认为是世上最聪明的人，而充满智慧的人却往往是谦卑的。知道得越多就会发现你原来的认知的浅薄。吾生有涯，而知无涯，以有涯追无涯，这也许是一条看不到尽头的路，一代又一代先贤们在这条路上付出毕生的心血，而波普尔的自传名为《无尽的探索》也表明了他一生的理想，为了探索这个宇宙的真相不懈地奋斗，甚至直到去世的前两年，波普尔还在思考着人类的发展与未来，他最后的演讲与访谈被收录在《二十世纪的教训》中，作为最后的著作给世人以警醒与启迪。

这个世界永远不会缺乏随波逐流、人云亦云之辈。波普尔的观点鲜明而充满批判性，他从不为了迎合别人而改变自己的观点或是学会委婉地表达，他批判当时很多其他流派的哲学家，批判黑格尔，批判赫拉克利特，甚至批判古希腊伟大的先贤柏拉图。这让他的名誉有所受损，而哲学界的同行因此对他进行诋毁，却依旧无法掩盖他的思想在那个时代焕发出耀眼的光芒，至今指引着我们前进的道路。

　　反思的精神，科学的思维，这也许是国人身上最缺乏特质。我们总是在强调民族的伟大，却没有思考过我们和其他民族又有何不同；我们总是强调我们民族的智慧，但没有反思过我们从古到今，创新方面何以一直存在不足……而波普尔的思想中却充满了反思的精神还有严密的科学思维，可以警醒在我们在发展中日渐膨胀的内心，让我们更深刻地认识自身，这样才能更坚定地前行。

　　在书的最后，感谢中国科学技术大学的老师和同学给予的鼓励和帮助，还有家人给予的支持和理解。还要特别感谢邱仁宗老师，在百忙中抽出时间，给晚辈提出了指导建议，对本书不足之处进行了斧正。

"大师思想集萃"(第二辑)